세상 모든
과학자의
과학 이야기

마음이 쑥쑥 자라는 세상 모든 시리즈

세상 모든
과학자의
과학 이야기

2003년 11월 30일 초판 1쇄 펴냄
2012년 6월 15일 개정 4쇄 펴냄

펴낸곳 | ㈜꿈소담이
펴낸이 | 김숙희
글 | 성라미
그림 | 이한중

주소 | 136-023 서울특별시 성북구 성북동 1가 115-24 4층
전화 | 747-8970 / 742-8902(편집) / 741-8971(영업)
팩스 | 762-8567
등록번호 | 제6-473(2002. 9. 3)

홈페이지 | www.dreamsodam.co.kr
전자우편 | isodam@dreamsodam.co.kr

ⓒ 꿈소담이, 2007
ISBN 978-89-5689-417-1 73400

● 책 가격은 뒤표지에 있습니다.
● 꿈소담이의 좋은 책들은 어린이와 세상을 잇는 든든한 다리입니다.

마음이 쑥쑥 자라는 세상 모든 시리즈 04

세상 모든 과학자의 과학 이야기

글 성라미 | 그림 이한중

머리말

 인류의 역사는 수만 년에 걸쳐 꾸준히 발전해 왔습니다. 불을 발견하고 도구를 만들어 사용하면서부터 문명이 발달하기 시작했습니다. 그리하여 드넓은 우주에 무인 우주선을 쏘아 올리고 수천 개의 인공위성을 띄워 올릴 만큼 과학 기술이 발전하게 되었지요. 현재의 과학 기술은 인류가 오랜 세월 동안 자연의 원리를 관찰하고 연구한 결과라고 할 수 있습니다.

 오늘날 우리의 생활 속에는 많은 과학이 담겨 있습니다. 스위치 하나만 작동시키면 컴퓨터를 통해 지구 반대편에 살고 있는 사람과 인터넷으로 대화를 할 수도 있습니다. 우리가 이렇게 편리한 생활을 할 수 있게 된 데에는 많은 과학자들의 연구와 노력이 있습니다.

 지구가 태양의 주위를 돈다고 주장하여 사람들로부터 멸시와 괴롭힘을 당한 과학자 코페르니쿠스와 갈릴레이가 있었기 때문에 20세기에 달나라로 우주선을 쏘아 올릴 생각을 할 수 있었던 것입니다. 그리고 비 오는 날 번개 속에 전기가 있다는 것을 발견한 과학자 프랭클린이 있었기 때문에 이것을 바탕으로 에디슨이 전구를 발명할 수 있었던 것이지요. 또 완두콩을 재배하여 유전의 법칙을 연구한 과학자 멘델이 있었기 때문에 오늘날 DNA의 유전자 염색체 연구가 가능한 것입니다. 복제 양이나 복제 인간과 같은 수준 높은 과학 기술은 오래 전에 이루어진 아주 작은 연구 결과가 쌓이고, 그 위에 또 새로운 과학 연구가 쌓이면서 현재와 같은 놀랄 만한 과학으로 발전한 것임을 잊어서는 안 됩니다.

조선 시대에 살았던 사람들은 말하는 로봇이나 인공 위성은 상상도 못했을 것입니다. 세종대왕이 컴퓨터라는 기계를 상상이나 해 봤을까요? 그러나 불가능하다고 생각했던 일들이 불과 500년 뒤에 실제로 이루어졌습니다.

사람들은 미래를 '과학 기술의 시대'라고 합니다. 그만큼 과학이 우리의 생활에 많은 영향을 미치고 있습니다. 과학 기술은 인류에게 풍족함과 행복을 가져다주는 한편, 여러 가지 문제를 안겨 주기도 합니다.

따라서 우리는 지금부터라도 과학에 대해 올바르게 알아야 합니다. 과학을 바르게 알려면 우선 과학의 역사를 알아야 합니다.

인류의 역사는 과학 발전의 역사와도 같습니다. 고대 과학자들로부터 시작하여 중세의 과학자들 그리고 20세기의 아인슈타인과 스티븐 호킹에 이르기까지 많은 과학자들의 업적을 살펴보세요. 그리고 우리 생활 속에 생생하게 살아 있는 그들의 과학을 직접 체험해 보는 시간이 되길 바라겠습니다.

성 라 미

차례

- 14 　탈레스 _자연의 해답은 자연에 있다
- 22 　아리스토텔레스 _생물은 물질로부터 우연히 생긴다?
- 32 　레오나르도 다 빈치 _미술에도 과학이 숨어 있다
- 42 　니콜라우스 코페르니쿠스 _우주의 중심은 지구가 아니다
- 52 　갈릴레오 갈릴레이 _그래도 지구는 돈다
- 62 　베살리우스와 윌리엄 하비 _인체의 신비를 벗겨라
- 72 　아이작 뉴턴 _달은 지구를 향해 떨어지고 있다
- 80 　벤자민 프랭클린 _짜릿한 전기, 대발견!
- 92 　알레산드로 볼타 _전기의 흐름을 잡아라
- 100 　마이클 패러데이 _발전기를 만든 제본공
- 108 　토마스 앨버 에디슨 _멘로파크의 마술사
- 116 　빌헬름 콘라트 뢴트겐 _X선은 모든 사람들의 것

124 찰스 다윈 _진화는 불쾌한 진실이다

134 그레고어 멘델 _고맙다, 완두콩아!

144 앙트완 라부아지에 _산소는 더 이상 쪼갤 수 없다!

152 루이 파스퇴르 _해로운 박테리아를 찾아라

160 존 돌턴 _쪼개고 쪼개면 무엇이 남을까?

172 마리 퀴리 _폴란드의 빛이 된 여인

182 닐스 보어 _세상에서 가장 작은 것은 무엇일까?

190 알베르트 아인슈타인 _시간과 공간에 대한 생각을 뒤엎다

202 알프레드 베게너 _앗! 대륙이 움직인다

210 토마스 헌트 모건 _자식은 부모로부터 유전적 영향을 받는다!

218 스티븐 호킹 _블랙홀은 검지 않다

자연에서 답을 찾은 탈레스부터 블랙홀의 비밀을 파헤친
스티븐 호킹까지 인류의 역사와 함께 발전한 과학.
우리 생활 속 구석구석 숨어 있는 과학을 체험해 보세요.

자, 그럼
과학 이야기 속으로
들어가 볼까요?

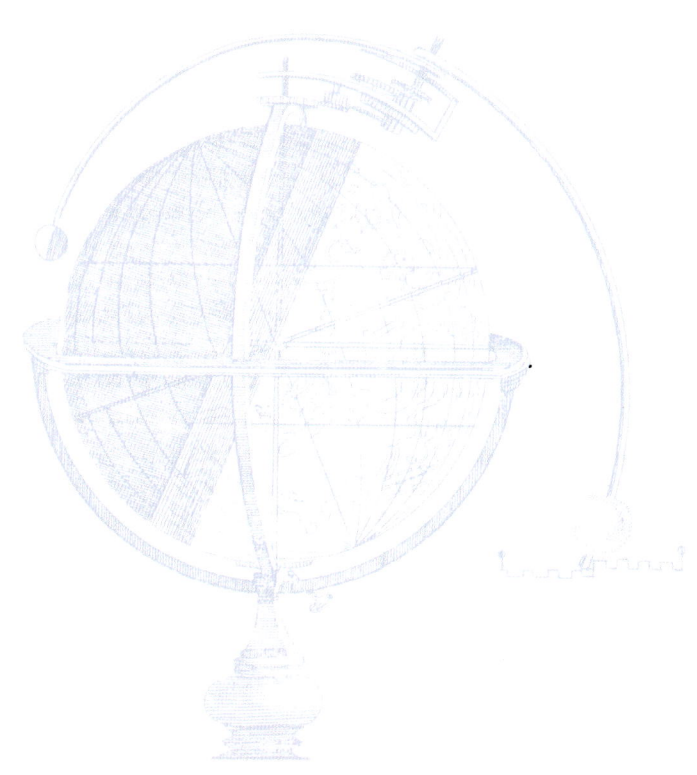

자연의 해답은 자연에 있다
탈레스

"앗, 태양이 사라졌다! 세상이 망하려나 봐."
"괴물이 태양을 삼켰어. 이제 우리는 다 죽고 말거야."
밝은 대낮이었는데 갑자기 태양이 까맣게 죽어가더니 세상이 온통 어두워지기 시작했습니다. 사람들은 너무 놀라 얼굴이 파랗게 질렸어요. 이런 일은 처음 겪는 것이라 어찌할 바를 모르고 허둥댔지요. 그때 어떤 용감한 젊은이가 태양을 향해 활을 쏘았습니다.
"여러분, 걱정 마십시오. 제가 이 화살로 괴물을 쏘아 죽이겠습니다."
그러나 화살은 허공을 날아오르다가 이내 포물선을 그리며 떨어졌습니다. 두 발, 세 발 계속 화살을 쏘았지만 태양이 너무 높아 닿지 않았습니다.

"여러분, 태양을 구하러 갑시다. 용기가 있는 사람은 모이시오."
마을의 젊은 남자들은 손에 칼과 창을 들고 모였습니다.
"여보, 위험해요. 가지 마세요."
"얘야, 태양 가까이 갔다간 타 죽는다. 가지 말아라."
여자들은 겁에 질려 말렸지만 남자들은 괴물을 없애야 한다며 떼를 지어 마을을 떠났습니다. 그러는 사이 태양은 완전히 사라지고 마을은 어둠에 싸였습니다. 사람들은 문을 잠그고 집 안에서 이불을 뒤집어쓴 채 벌벌 떨었습니다. 태양이 사라졌으니 이제 그 괴물이 사람들을 해치러 올 것이라고 생각한 것입니다.
꽤 오랜 시간이 흘렀습니다. 태양을 가렸던 시커먼 것이 점점 사

라지자 세상은 다시 밝아지기 시작했습니다.

"야, 살았다! 괴물이 사라졌어."

"정말 다행이야! 난 너무 무서워서 기절할 뻔했다니까."

사람들은 기쁨의 환성을 지르며 하나 둘 집 밖으로 나와 하늘을 올려다보았습니다. 태양은 점점 밝아져 어느새 이글이글 타오르고 있었습니다. 그때 어떤 사람이 소리쳤습니다.

"그래, 맞아. 탈레스가 오늘 태양이 사라질 거라고 했었지?"

"그 말을 믿지 않았는데 탈레스의 말이 맞았어. 정말 신기하네!"

사람들은 탈레스라는 학자가 일식이 일어날 것이라고 예언했던 것을 기억해 내고는 저마다 감탄을 하였습니다.

이런 일은 또 있었습니다. 일식이 일어나고 있을 때, 소아시아의 리디아 왕국은 이웃 나라 메디아 왕국과 5년 동안이나 전쟁을 하고 있었습니다. 일식이 시작되자 싸움터가 점점 어두워지더니, 태양이 모습을 감춰 버렸습니다. 싸움을 하고 있던 병사들은 겁에 질려 도망을 쳤습니다.

"우리가 싸움을 너무 오래 해서 신이 노한 거야. 틀림없어."

양쪽 나라의 왕들은 즉시 전쟁을 그만두고 자신의 나라로 돌아갔습니다. 탈레스는 이 소식을 듣고,

"해답은 신이 아니라 자연에 있다니까."

라며 웃기만 했답니다.

그렇다면 탈레스는 어떻게 일식이 일어날 것을 알았던 것일까요? 기원전 500년경, 이때 사람들은 모든 자연 현상이 신에 의해 일어나는 것이라 믿고 있었습니다. 그러나 탈레스는 해답은 신이 아니라 자연에 있다고 생각하고 자연 현상을 자세히 관찰하였습니다.

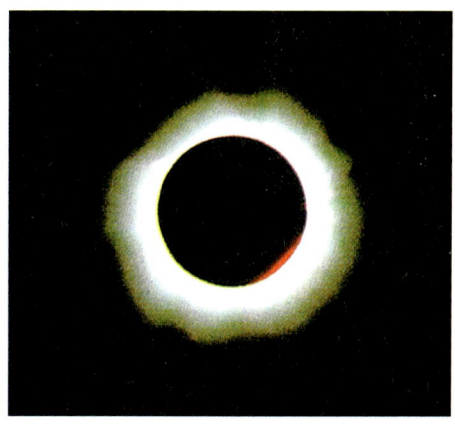

개기 일식 달이 해를 가려서 해가 완전히 보이지 않는 현상

그리하여 일식이 몇십 년을 주기로 반복해서 나타난다는 사실을 알게 되었던 것입니다.

인류 최초의 과학자 탈레스

탈레스 (Thales, BC 624?~BC 546?, 그리스)

  탈레스는 생명과 우주 현상의 근본 물질에 주목한 고대 그리스의 첫 철학자입니다.
  "이 세상을 이루고 있는 가장 기본적인 물질은 무엇일까?"
  아주 오랜 옛날의 사람들은 "나는 누구일까? 인간은 무엇일까? 이 세상은 어떻게 만들어졌을까?" 하는 궁금증을 갖고 있었습니다. 이 궁금증을 풀기 시작하면서 마침내 '과학'을 연구하기 시작한 것입니다.
  고대 그리스의 천문학자 탈레스는 이렇게 주장했습니다.
  "이 세상의 모든 것은 물에서 시작되었다. 모든 것이 물로 되어 있고 물만이 진정한 원소이다. 만물의 근원은 물이다!"
  가장 바탕이 되는 물질을 '원소'라고 하는데 물은 열을 받으면 기체가 되어 날아갑니다. 탈레스는 이것이 공기로 바뀐다고 본 것입니다. 게다가 물이 얼면 고체가 되고 물은 오래 놔두면 찌꺼기가 생기기도 하고 나중에는 벌레도 생깁니다. 그러니까 물에서 생기는 찌꺼기는 물이 흙이 되는 것이라고 보았고, 벌레가 생기는 것은 물에서 생물이 태어나는 것으로 생각한 것입니다.

사람이건 짐승이건 물 없이 살 수 있는 생물은 아무것도 없습니다. 그러므로 탈레스는 물보다 귀한 것은 없고, 물이야말로 모든 것을 만들어 주고 살려 주는 근본적인 물질이라고 믿게 되었습니다.

탈레스의 이러한 생각은 신이 모든 것을 창조했다는 신 중심의 세계관을 뒤바꾸며, 신을 통해 자연을 설명하지 않고 자연을 과학적인 관점으로 보고자 했다는 점에서 당시의 사람들에게 큰 충격을 주었습니다. 이처럼 자연을 연구하고 관찰하는 가운데 일식이 일어나는 때를 정확하게 예언할 수 있었던 것입니다.

세상의 근원을 설명할 때 신화에 의존하지 않고 물질적 근원을 찾아 낸 것은 탈레스가 처음이었습니다. 자연 법칙을 과학적으로 설명한 탈레스는 '자연 철학의 개척자', '인류 최초의 과학자'로 불리고 있답니다.

탈레스는 누구도 따를 수 없을 만큼 뛰어난 과학자로서 '철학의 아버지', '과학의 시조'로 앞으로도 존경받을 것입니다.

막대기 하나로 피라미드의 높이를 재다

　탈레스는 일식뿐만 아니라, 당시 사람들이 모르는 여러 가지 것들을 알고 있었습니다.

　여러분은 막대기 하나로 이집트에 있는 피라미드의 높이를 잴 수 있나요? 막대기 하나가 아니라 막대기 백 개가 있어도 못할 것 같은 이 일을 바로 탈레스가 해냈답니다. 그렇다면 탈레스는 어떻게 피라미드의 높이를 잴 수 있었을까요?

　피라미드는 그 규모가 엄청나게 큽니다. 그래서 피라미드를 완성하는 데에

도 수많은 사람들이 동원되었고 수십 년이 걸려서 완성되었습니다. 탈레스는 막대기를 하나 세우고 그 그림자의 길이를 재었어요. 그리고 피라미드에 생긴 그림자의 길이와 비교하면서 피라미드의 높이를 알아냈습니다. 막대의 그림자와 막대의 길이가 같아지는 시간의 피라미드 그림자의 길이가 바로 피라미드의 높이와 같다는 논리입니다.

탈레스는 또 '삼각형은 한 변과 그 양 끝에 있는 각에 의하여 정해진다.'는 원리를 정리하였습니다. 그리고 이것을 이용하여 해안에서 바다에 있는 배까지의 거리를 막대를 이용해 알아내기도 했답니다.

또한 지구는 물 위에 떠 있는 평평한 원반이라고 설명하였습니다. 탈레스는 태양의 궤도를 처음으로 규정했고, 태양의 크기와 달의 크기도 언급했습니다. 또 일년을 365일로 나누는 방법도 생각해 냈답니다. 아쉬운 점은 탈레스의 저서가 남아 있는 것이 없기 때문에 다른 사람의 기록을 통해서 탈레스의 업적을 짐작할 따름이라는 것입니다.

생물은 물질로부터 우연히 생긴다?
아리스토텔레스

"사냥꾼과 사냥터지기, 정원사 그리고 어부들은 들어라. 너희 마을과 바다에서 나는 동물과 식물 중에 처음 보는 희귀한 것이 있거든 모두 가져오너라. 그것으로 나의 스승이신 아리스토텔레스의 연구를 도와라."

세계를 정복한 알렉산더 대왕은 이상한 명령을 내렸습니다. 대왕의 명령이 떨어지자 곳곳에서 동물과 식물이 보내져 왔습니다. 아리스토텔레스는 알렉산더 대왕이 어렸을 때부터 대왕의 교육을 담당한 스승이었습니다. 아리스토텔레스는 아테네 북쪽에 있는 마케도니아에서 제자들을 가르치며 동식물을 연구하고 있었습니다. 이때가 기원전 340년경이었습니다.

"놀랍군, 세상에 이런 동물이 있다니!"

아리스토텔레스는 동물과 식물들이 도착할 때마다 감탄을 하며 살펴보았습니다. 당시 사람들은 멀리 여행을 하는 일이 드물었기 때문에 이 땅에 어떤 동물들이 살고 있는지 또 어떤 식물들이 살고 있는지 잘 알 수 없었습니다. 그래서 아주 먼 곳에서 온 동물과 식물을 보고 아리스토텔레스뿐 아니라 알렉산더 대왕도 신기해하였습니다.

"고래는 물고기가 아닙니다. 고래는 숨을 쉴 때 다른 물고기들처럼 아가미로 숨을 쉬는 것이 아니라 폐로 숨을 쉬거든요. 그리고 알을 낳는 것이 아니라 새끼를 낳습니다. 그러니 고래를 물고기라고 할 수가 없지요."

아리스토텔레스의 말에 사람들은 모두 입을 다물지 못했습니다.

"그런 동물이 있다니, 정말 신기하군!"

아리스토텔레스는 또 벌의 습성과 벌집의 구조에 대해서도 자세히 설명하였습니다. 그는 곤충의 짝짓기와 새의 알 품기도 연구했으며, 그밖에도 달걀 속의 병아리가 어떻게 커 가는지도 자세히 관찰했습니다. 정말 대단한 관찰력이었습니다.

아리스토텔레스는 500종류 이상의 동물을 해부하고 관찰하였습니다. 그리고 식물과 동물이 서로 다른 종류가 아니라 어떤 법칙에 의해 일정하게 발생된 것이라는 결론을 내렸습니다.

"이 세상의 생물은 어미 없는 물질로부터 우연히 생긴다."

이것이 아리스토텔레스가 주장한 '자연 발생설' 입니다. 이 학설은 이후로도 2000년 동안 사람들 사이에서 진리로 인정받았습니다.

모든 것의 원인을 찾은 아리스토텔레스

아리스토텔레스
(Aristoteles, BC 384~BC 322, 그리스)

아리스토텔레스는 고대 그리스 최고의 철학자입니다. 그의 철학은 물리학과 기상학으로부터 생물학과 심리학에 이르는 많은 분야에 걸쳐서 거의 2000년 동안 서양 사람들의 생각을 지배했습니다.

아리스토텔레스는 아테네의 북쪽에 있는 마케도니아의 한 도시에서 태어났습니다. 그의 아버지는 마케도니아의 궁중 의사였습니다. 그가 어릴 때부터 생물학과 과학에 흥미를 가진 것은 아버지의 영향도 컸으리라 짐작됩니다.

아리스토텔레스는 스승 플라톤이 세운 학교 '아카데미'에 입학하여 공부를 하다가 다시 돌아와, 나중에 알렉산더 대왕이 된 어린 왕자의 개인 교수로 일했습니다. 스승 플라톤이 수학과 사변 철학 및 정치 철학을 중요하게 여긴 반면 아리스토텔레스는 인간에게 가까운, 감각되는 자연물을 존중하고 생물학과 자연 과학을 열심히 연구하였습니다.

알렉산더 대왕이 세계를 정복하자 아리스토텔레스는 연구에 필요한 많은 자료를 얻을 수 있게 되었습니다. 알렉산더 대왕이 명령을 내려 아리스토텔레스가 동·식물학을 연구하는 데 필요한 모든 재료를 모아 준 덕분입니다.

그러나 이런 도움에도 불구하고 당시의 과학은 매우 초보적인 수준이었습니다. 시계 없이 시간을 측정했고 온도계 없이 온도를 비교했으며, 망원경 없이 천체를 관측했고 현미경 없이 생물학을 연구했기 때문입니다. 아테네 사람들은 발명에 별 관심이 없었습니다. 노예가 많았고 게다가 기계를 만드는 것보다 노예의 값이 더 쌌기 때문입니다.

아리스토텔레스는 우주의 중심은 지구라고 생각했습니다.

"지구 주위를 달, 수성, 금성, 태양, 목성, 토성, 항성의 순서로 돌고 있다. 이 별들의 움직임의 가장 근본적인 힘은 신 또는 신의 의지다."

천문학에서 이런 학설은 틀린 것이기는 하지만 아리스토텔레스의 연구 방법은 지금도 많은 과학자들에 의해 쓰이고 있습니다. 그의 방법은, 먼저 몇 가지 간단한 가정을 하고 논리적 전개

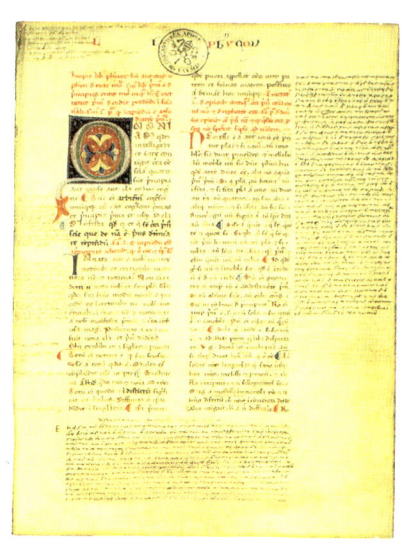

아리스토텔레스의 〈자연 과학에 대하여〉

를 통하여 복잡한 상황까지 일관성 있게 설명하는 것입니다. 과학자들은 처음 생각했던 가설을 증명하는 과정에서 새로운 과학적 진실들이 밝혀지는 것임을 아리스토텔레스를 통해서 배운 것입니다.

또 아리스토텔레스가 자연에 대해 가졌던 의문들이 바로 현대 물리학의 기본 문제들이라는 점에서, 그는 그 의문들을 가장 먼저 제기한 최초의 과학자이기도 합니다.

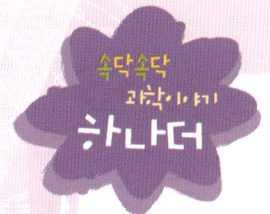

자연에는 질서가 있다

아리스토텔레스는 '리케이온'이라는 학원을 열었는데 많은 학생이 몰렸습니다. 지금 남아 있는 그의 학문은 대부분 이 시대의 강의 노트인 것입니다.

운동하고 변화하는 감각적 사물의 원인을 연구하는 것을 '자연학'이라고 부릅니다.

"자연계의 운동에는 네 가지가 있는데 변화, 수직 운동, 수평 운동, 천체 운동입니다. 변화는 쇠가 녹스는 것, 나뭇잎이 단풍 드는 것, 색깔이 퇴색하는 것 등을 말합니다. 자연에는 이렇게 질서가 있습니다."

아리스토텔레스는 모든 운동에는 운동 원인이 있어야 한다고 생각하고 이것을 하늘의 운동과 지상의 운동으로 나누어 설명했습니다.

"하늘에서는 자연스러운 운동이 일어납니다. 지상에서는 가벼운 것은 올라가고 무거운 것은 아래로 내려가는 직선 운동이 자연스러운 운동입니다. 자연스러운 운동은 물체가 지닌 본래의 성격인데, 반면에 자연스럽지 않은 운동은 반드시 외부에서 운동의 원인이 작용해야 합니다. 또 운동에는 저항력도 작용합니다. 진공에서는 저항력이 없어서 속도가 무한대가 되기 때문에 자연에는 진공이 존재하지 않습니다. 다시 말해서 자연은 진공을 혐오합니다."

아리스토텔레스는 500종 이상의 동물을 연구하고 해부한 결과 '자연발생설'을 주장하였습니다. '생물은 어미 없는 물질로부터 우연히 생긴다.'는 것이 그 주된 내용입니다.

아리스토텔레스는 태양이 우주의 중심에 있다는 다른 학파의 주장을 받아들이지는 않았지만, 이 세상이 끊임없이 변화의 과정을 거치고 있다는 그의 관찰은 우리에게 깊은 감명을 줍니다.

"태양은 늘 바다를 증발시키고 있으며 강을 말리고, 마침내는 바다를 벌거벗은 바위들로 변하게 합니다. 거꾸로 위로 올라간 수분이 모여서 구름을 이루고 다시 떨어져서 강과 바다를 새롭게 만듭니다."

아리스토텔레스의 이러한 주장들은 그가 죽은 뒤 거의 2000년간 흔들리지 않고 서양 문명에 받아들여졌습니다. 그의 학설은 13세기에 토마스 아퀴나스에 의해 가톨릭 교회가 인정하는 철학이 됨으로써 크게 번성하였습니다. 이 때문에 그의 이론을 의심하는 사람은 신앙이 불경스러운 사람으로까지 생각되어 곤란한 일을 많이 겪어야 했습니다.

아리스토텔레스의 과학은 아라비아에도 많은 영향을 미쳤습니다.

마호메트가 아라비아 민족을 일으킨 뒤 아라비아는 문화를 꽃피우기 시작했습니다. 아라비아 과학의 발달에서 중요한 것은 '평화와 기술을 향상시키기

위한 노력'입니다. 754년에 지도자인 '알 만수르'는 세계 여러 나라의 훌륭한 학자들을 아라비아의 수도인 바그다드로 모았습니다. 인도, 그리스 등의 학문과 철학을 번역하고 다양한 지식을 받아들이려는 노력이었습니다. 이때 아리스토텔레스의 수학, 천문학, 생물학 등 여러 학문이 전파되면서 아라비아의 과학에 많은 영향을 미치게 되었습니다.

아라비아의 과학은 그리스 과학에서 한 걸음 더 나아가 연금술 등 화학의 발달에 커다란 공헌을 하였답니다.

또한 아리스토텔레스는 만물의 근원은 다섯 가지 원소라고 하는 '5원소설'을 주장했습니다. 탈레스가 '이 세상의 모든 것은 물에서 시작되었다.'라고 주장했듯이 아리스토텔레스는 '5원소설'을 주장했습니다.

"원소는 무게에 따라서 각각 위치가 다릅니다. 우주의 중심에 있는 지구는 가장 무거운 흙이 중심에 있고, 그 둘레가 물로 덮여 있습니다. 다시 그 둘레를 공기가 감싸고 있습니다. 물론 불은 가장 바깥에 붙어 있지요. 달이나 그밖의 하늘에는 지구에 있는 네 원소와는 다른 한 가지의 원소가 더 있어서 천체를 만들어 주고 있는 것입니다. 그것이 제5원소입니다."

아리스토텔레스가 5원소설을 주장할 때 동양에서는 '음양5행설'이 널리 알려졌습니다. 5행이란 '물, 나무, 불, 흙, 쇠' 다섯 가지를 말합니다. 5원소설의 흙, 물, 불, 공기와 비슷한 부분이 많습니다. 아리스토텔레스의 학문이 동양에도 전파된 것일까요? 아니면 동양의 지식을 아리스토텔레스가 접했던 것일까요? 어쩌면 둘 사이에 아무 관련 없이 각기 비슷한 결론을 내렸던 것일 수도 있습니다.

미술에도 과학이 숨어 있다
레오나르도 다 빈치

    지하실에 있는 다 빈치의 연구실에서 이상한 냄새가 풍겨 나왔습니다. 다 빈치의 조수는 그 냄새에 이끌려 스승의 방문을 열어 보았습니다.
    "으악! 이게 뭐야. 사람 시체잖아. 웩, 웩!"
    그 조수는 방문을 열자마자 끔찍한 광경에 구역질을 연거푸 했습니다. 탁자 위에는 사람 시신이 놓여 있었는데 배는 갈라져 있고 심장과 간이 꺼내어져 그 옆에 놓여 있었습니다. 그런 괴상한 광경을 처음 본 조수는 얼굴이 사색이 되었습니다.
    "스승님, 이게 다 무슨 일입니까? 누가 보기라도 하면 어떡하시려고요."
    "여보게, 내가 신화에 나오는 인물을 조각하려고 하는데 도무지

인체의 모양을 제대로 표현할 수가 없었다네. 팔과 가슴의 근육이 어떻게 생겼는지 알아야 조각을 할 게 아닌가."

다 빈치의 태연한 대답에 조수는 고개를 갸우뚱했습니다.

"그렇다고 이렇게까지 하셔야 합니까?"

"와서 자세히 보게. 이게 심장이야. 우리는 이제까지 심장이 하나인 줄 알았는데 이제 보니 방이 둘로 나뉘어 있지 않은가. 그리고 이 팔의 근육을 좀 보게. 팔뚝은 굵은 뼈를 가운데 두고 단단한 근육이 두 갈래로 나뉘어 있지. 그리고 팔꿈치 위로는 근육이 세 갈래일세. 주먹을 이렇게 쥐어 보게. 우리가 알통이라고 하는 것이 바로 이 근육인 거야."

다 빈치는 해부해 놓은 팔의 근육을 손으로 가리키며 신기한 발견이라도 한 듯 신이 났습니다.

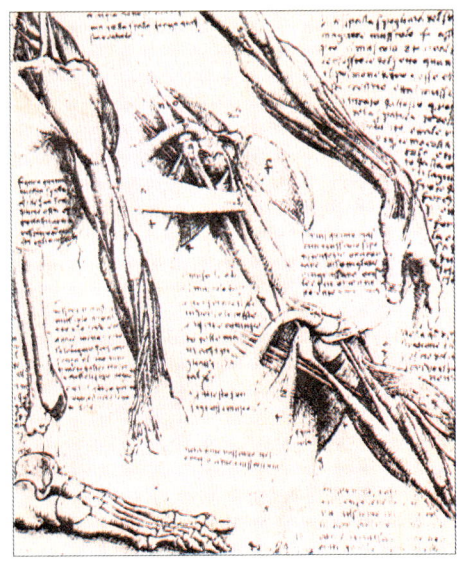 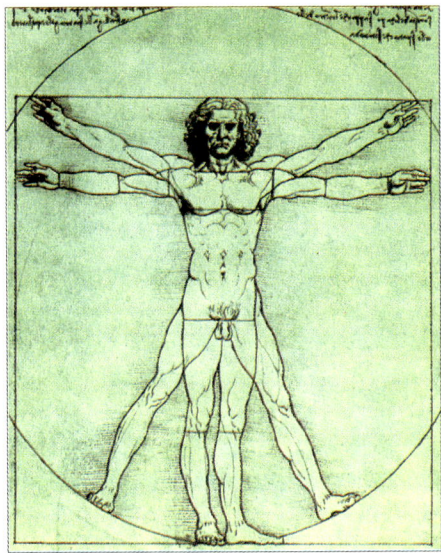

다 빈치가 그린 팔근육(왼쪽)과 인체 비율도(오른쪽)

"그러고 보니 스승님, 정말 굉장하네요! 앞으로는 사람의 팔을 그릴 때는 이 근육의 모양을 살려서 진짜처럼 그릴 수 있겠어요."

"그렇지, 바로 그거야. 그림을 그리더라도 과학적으로 그려야지. 대충 모양만 흉내낸다고 해서야 어디 진짜 예술이라고 할 수 있겠나."

다 빈치는 해부해 놓은 시신을 옆에 두고 보면서 공책에 그림을 그리기 시작했습니다. 그림 옆에는 자세히 설명을 덧붙였습니다.

그 누구도 인체를 해부해 볼 생각도 못하던 때였기에 다 빈치의 해부학에서의 공헌은 실로 놀랄 만한 것이었습니다.

다 빈치는 그때까지 아무도 몰랐던 이마와 턱의 구멍을 그림으로 그렸으며, 겹으로 굽은 척추의 모습을 정확하게 그려 냈습니다. 의사들도 깜짝 놀랄 정도였습니다. 혈관과 심장의 생김새까지도 정확했으며, 팔다리의 운동을 조절하는 근육 그림은 매우 세밀했습니다. 뿐만 아니라 엄마의 뱃속에 있는 태아의 위치도 그림으로 그려 내서 사람들을 놀라게 했습니다. 다 빈치의 그림은 돋보기를 통해 들여다본 것처럼 섬세했답니다.

다 빈치는 이렇게 말하였습니다.

"과학을 모르고 예술을 한다는 것은 키와 나침반도 없이 바다를 여행하는 것과 같다."

두 가지 길을 걸은 레오나르도 다 빈치

레오나르도 다 빈치
(Leonardo da Vinci, 1452~1519, 이탈리아)

 레오나르도 다 빈치는 이탈리아 르네상스 시대의 화가이자 조각가, 과학자입니다. 다 빈치는 피렌체에서 가까운 마을인 빈치에서 태어났습니다. 다 빈치는 가난한 집안 환경으로 인해 14세 때에 화가의 공방에 도제로 들어갔습니다.

 그 당시에는 그림을 배우려면 유명한 화가 밑으로 들어가 일정 기간 동안 공방에서 일을 배워야 했습니다. '공방'은 오늘날 그림을 가르쳐 주는 학원인 셈입니다. '도제'는 심부름꾼부터 시작해서 차례

레오나르도 다 빈치의 작품 '최후의 만찬'

차례 단계를 밟아 올라가면서 일을 배우는 제도를 말합니다. 공방에서 기술을 배우고 능력을 인정받게 된 다 빈치는 밀라노로 갔습니다.

모나리자

"저는 모든 종류의 토목 공사와 성을 쌓는 일이나 병기의 제조에 관해 뛰어난 능력을 갖고 있습니다. 평화로울 때에는 그림을 그리고 석조 조각을 합니다. 저의 능력을 높이 사서 밀라노로 불러 주시니 고마울 따름입니다."

다 빈치는 밀라노를 지배하는 왕에게 이렇게 편지를 썼습니다. 다 빈치는 밀라노에서 20년 동안 머물며 많은 그림을 그렸습니다. 산타 마리아 델레 그라치에 수도원 식당의 〈최후의 만찬〉을 그렸고 성 프란체스코 교회 예배당에 있는 〈암굴의 성모〉는 지금도 유명한 그림입니다.

그 뒤 피렌체와 로마 등을 두루 여행하며 〈모나리자〉와 〈세례자 요한〉 등 훌륭한 미술 작품을 남겼습니다. 1506년에는 다시 밀라노로 돌아와 루이 12세의 궁정 화가 겸 기술자로 일했습니다. 다 빈치는 생을 마감하는 그날까지 미술과 과학을 연구하였답니다.

과학을 모르고는 예술을 할 수 없다

〈모나리자〉로 유명한 다 빈치는 예술가이면서도 과학에 관심이 많았습니다. 다 빈치는 미술에도 과학이 숨어 있다고 생각하여 사람을 그릴 때에도 인체에 관한 지식이 필요함을 느꼈습니다.

그리고 그 지식을 얻기 위해 인체 해부를 했습니다. 그림을 그릴 때에는 스케치를 위해 어떠한 사물이든 먼저 세밀하게 관찰하였으며, 무슨 일이나 철저하게 탐구하는 자세를 가졌습니다. 다 빈치의 노트에는 그가 생각해 낸 새로운 기계들이 스케치되어 있었고 건축 설계도 등 많은 것들이 그려져 있습니다. 낙하산이나 헬리콥터도 그려져 있답니다.

그림의 수법을 수련하는 과정에서 다 빈치는 수학 지식이 필요했습니다. 그래서 무게와 밀도의 관계를 공부하며 새가 나는 방법에 관해 연구했으며, 바람의 압력이 날개에 미치는 힘의 영향에 관해 실험하기도 했습니다.

레오나르도 다 빈치의 식물 관찰도

"자연계의 법칙성을 밝혀 내려면 자연을 관찰하여 사실을 발견하고 그것을 타당한 이론으로 발전시켜 나가야 한다."

과학자의 올바른 자세에 대한 다 빈치의 이 말은 근대 과학의 발전에 많은 영향을 끼쳤습니다.

또한 "그저 상상만으로 자연과 인간 사이의 비밀을 풀려고 하는 예술가를 믿지 말라."라고 말한 다 빈치는 실험으로부터 시작하여 자신이 세운 이론을 확실한 것으로 만드는 일이 중요한 것임을 알고 있었습니다.

다 빈치는 놀라운 상상력으로 많은 기계들을 발명하였습니다. 흐르는 물의 힘을 이용한 펌프를 만들어 물을 끌어올렸으며, 여러 구멍에서 번갈아 가며 총알이 나가는 자동 기관총도 발명했습니다. 몇 발이고 계속해서 쏠 수 있는 총은 당시 군인들의 꿈이었습니다.

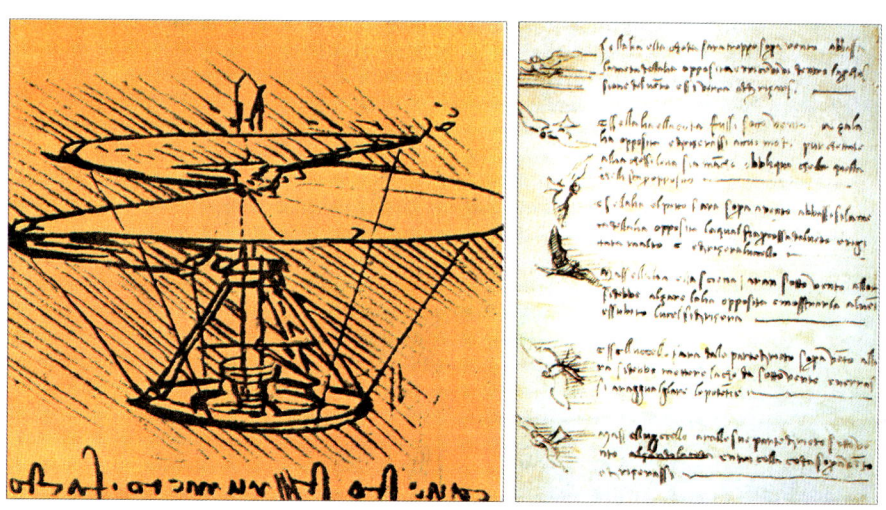

레오나르도 다 빈치가 그린 헬리콥터 설계도와 새의 비행에 관한 기록

다 빈치가 만든 배는 선체가 이중으로 되어 있기 때문에 대포에 맞아도 바깥쪽만 구멍이 뚫려서 가라앉을 걱정이 없었습니다.

1490년, 다 빈치는 마침내 날틀을 만들었습니다. 하늘을 날아가는 새를 유심히 관찰한 뒤 만든 날틀은 사람이 직접 운전을 하고 발을 움직여서 커다란 날개를 펄럭거리며 날도록 만들어진 장치였습니다. 하지만 아쉽게도 하늘을 나는 데는 성공하지 못했습니다. 다 빈치는 또 용수철의 힘으로 올라가는 헬리콥터를 발명하기도 했습니다.

"용수철의 되돌아가는 힘을 이용하여 회전 날개를 돌리면 똑바로 날아오르겠지."

다 빈치의 상상력은 정말로 놀라운 것이었습니다.

어느 날 조수는 다 빈치의 노트를 보고는 깜짝 놀랐습니다. 노트에는 다 빈치가 연구하고 생각한 것들이 고스란히 담겨 있었기 때문입니다.

하늘을 날 수 있는 날틀에 대한 그림들이 여러 장 있었고, 회전하는 다리의 설계도며 자전거며 헬리콥터 같은, 보통 사람들은 생각도 못하는 신기한 것들이 헤아릴 수 없을 정도로 많이 기록되어 있었습니다.

"역시 스승님은 대단한 연구가십니다. 그

레오나르도 다 빈치가 생각한 비행기(모형)

림만으로도 사람들의 존경을 한 몸에 받고 계신 분이 이렇게 밤낮으로 새로운 것을 연구하시니 정말이지 스승님은 천재십니다."

조수는 공책을 보며 계속 감탄하였습니다.

다 빈치의 영향은 많은 분야에 걸쳐 나타났습니다. 비행술, 건축, 장식, 토목, 자연, 의학, 지리학, 지구물리학, 발명, 식물학, 기계학, 기하학, 기상학 등에서 천재성을 여실히 드러냈습니다.

이처럼 레오나르도 다 빈치는 훌륭한 예술가인 동시에 늘 연구하고 관찰하는 과학자였습니다. 사람들은 다 빈치가 오늘은 또 어떤 신기한 것을 만들어 낼까 항상 기대 어린 시선으로 바라보았답니다.

우주의 중심은 지구가 아니다
니콜라우스 코페르니쿠스

"스승님, 이 학설을 왜 세상에 내놓지 않으려 하십니까? 더 늦기 전에 서둘러 발표하십시오."

코페르니쿠스 밑에서 일 년 동안 제자로 있었던 독일의 수학자 레티쿠스는 스승의 학설을 출판할 것을 간곡하게 청하였습니다. 이 이론은 뒤에 〈천체의 회전 운동에 관하여〉라는 책으로 나왔는데, 이는 태양을 중심으로 돌고 있는 행성의 체계를 저술한 것입니다.

"우주의 중심은 지구가 아니다."

이것이 책의 중심 내용입니다. 이미 오래 전에 쓰여진 것인데 종교적으로 이단자로 몰릴 것이 두려워 숨기고 있었던 것이었습니다. 지구가 우주의 중심이라는 것을 의심하는 자는 종교 재판에 걸려 화형을 당하는 세상이었기 때문입니다.

이제 70세가 된 코페르니쿠스는 늙고 병들었습니다. 그가 마침내 결심을 하고 이 원고를 인쇄소에 넘긴 것은 1542년이었습니다. 그 이듬해 5월 24일, 이 책의 견본이 전달된 것은 코페르니쿠스가 막 숨을 거두려는 순간이었습니다. 그런데 이 책을 발행하는 사람이 뒤탈이 있을 것이 걱정되어 미리 교황 바오로 3세에게 아첨하는 글을 보냈습니다.

"코페르니쿠스의 학설은 교회의 권위를 부정하기 위한 것이 아닙니다. 다만 행성의 위치를 좀 더 정확하게 계산하기 위해 내놓은 기발한 생각일 뿐이니 널리 양해를 바랍니다."

이 글은 책의 서문에도 적혀 있었습니다. 이 서문 때문에 많은 학자들에게 오해를 사게 되어 책은 좋지 않은 평가를 받게 되었습니다. 게다가 종교 개혁을 일으킨 마틴 루터의 반대로 책은 출판되지 못하였습니다.

"멍청한 자가 천문학 전체를 뒤집어 놓으려 하고 있다."

루터는 이렇게 코페르니쿠스를 공격했습니다. 레티쿠스는 결국 독일의 뉘른베르크에

코페르니쿠스가 지은 〈천체의 회전 운동에 관하여〉

서는 책을 발행하지 못하고 오스트리아에서 출판할 수밖에 없었습니다. 그러나 진리는 언젠가는 승리하는 법입니다. 코페르니쿠스의 태양 중심설은 그가 죽은 지 100년이 지나서야 빛을 보게 되었답니다. 이 책은 케플러, 갈릴레이, 뉴턴 등에게 영향을 주었으며 근대 과학의 기초가 되었답니다.

코페르니쿠스 시대의 천문 관측 기구인 환상 천구기

천문학에 날개를 단 코페르니쿠스

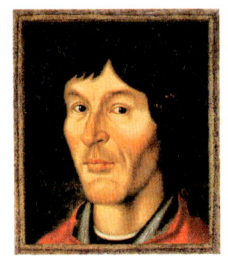

니콜라우스 코페르니쿠스
(Nicolaus Copernicus, 1473~1543, 폴란드)

코페르니쿠스는 1473년 폴란드의 작은 마을에서 상인의 아들로 태어났습니다. 열 살 때 아버지가 세상을 떠나자 외삼촌 밑에서 자랐습니다.

18세에 신부가 되기 위해 입학한 크라코브 대학에서 철학 교수인 불제프스키로부터 수학과 천문학 강의를 들었습니다. 그런데 이때 프톨레마이오스의 우주관인 천동설이 알폰소 항성 목록의 내용과 일치하지 않는다는 사실을 알게 되었습니다.

이 대학에서 그는 수학, 철학, 미술 등을 공부하고 이탈리아에 유학하여 법학, 천문학 등을 연구하였습니다. 한때는 의학 공부도 하였으나 가장 관심이 있었던 과목은 천문학이었습니다.

코페르니쿠스는 1496년에 외삼촌의 도움으로 이탈리아에 유학을 하여 볼로냐 대학에서 그리스어를 공부한 다음, 그리스 철학과 천문학도 공부하였습니다.

1497년에는 황소자리별인 알데바란이 달에 가려지는 것을 관측하기도 하였습니다. 이 해에 코페르니쿠스는 폴란드의 프라우엔부르크 성당 평의원이 되었습니다.

　1500년에는 로마의 성탄절 행사에 참사 회원으로 참석하였고, 1년간 로마에 살면서 수학, 천문학에 관한 강연을 하였습니다. 귀국 후에는 외삼촌이 본당 신부로 있는 하일스베르크에서 빈민들에게 의술을 베풀어 큰 명성을 얻었습니다.

　외삼촌이 죽자, 그 뒤를 이어 프라우엔부르크 성당의 신부로 취임하였습니다. 그때부터 코페르니쿠스는 밤에 옥상의 망성대에서 스스로 만든 측각기를 이용하여 천체 관측을 하였습니다. 정밀하지는 않았지만 그렇게 관측한 내용을 바탕으로 해서 태양을 중심으로 하는 행성계의 개념을 구축해 나갔습니다.

　코페르니쿠스는 그리스의 천문학자 프톨레마이오스의 학설에 의심을 갖고 연구를 시작한 것입니다. 지구가 우주의 중심이고 모든 천체는 지구 주위를 돈다는 프톨레마이오스의 이론은 하늘에는 신이 있고 땅에는 인간이 있다는 종교적 교리와 잘 어울렸습니다. 그래서 아리스토텔레스의 자연 발생설과 조화를 이루어 서양의 천문학을 지배하고 있었습니다.

　당시의 천문학에는 교회력의 시정과 항해력의 개량이라는 두 개의 큰 문제가 있었습니다. 교회력은 달력에서 춘분 등의 절기가 실제보다 10일 정도 늦게 와서 제례일과 계절이 일치하지 않아 문제가 되었습니다. 또 항해력은 천동설을 근거로 계산한 천체 위치가 정확하지 않아 항해에 심각한 위협을 주었습니다.

코페르니쿠스는 1516년 엘름란드 교구 회계 감사역 겸 알렌슈타인 교회 평의원이 되어 전임하였고, 1520년에 프라우엔부르크 대교구장으로 취임하여 그곳에서 일생을 마쳤습니다.

세상을 놀라게 한 지동설

코페르니쿠스의 학설은 그의 저서 〈천체의 회전 운동에 관하여〉라는 네 권의 책에 담겨 있습니다. 1525년에서 1530년 사이에 쓰여진 것인데, 코페르니쿠스가 출판을 주저하다가 그가 임종하는 순간에 이 세상에 내보낸 것입니다.

코페르니쿠스는 십 년 동안 이탈리아에서 공부했는데 이곳은 르네상스 시대에 천문학이 번영한 곳이었습니다. 그래서 코페르니쿠스는 천문학에 관해 충분히 배울 수 있었습니다.

당시 그리스의 천문학자인 프톨레마이오스가 〈알마게스트〉라는 책을 통해 천동설(태양이 지구 둘레를 돌고 있다는 학설)을 완성하여 큰 관심을 끌고 있었습니다. 기원전에 아리스토텔레스가 천동설과 비슷한 이론을 내놓은 이래로 마침내 프톨레마이오스가 체계적인 이론을 내놓은 것입니다. 이 책은 "달과 태양과 모든 행성들이 지구를 중심으로 돌고 있다."고 주장하였습니다.

천동설에 의문을 품고 자료를 조사하던 코페르니쿠스는 이미 많은 사람들이 '태양을 중심으로 한 우주'를 생각했다는 사실을 알게 됐습니다.

'키케로도 지구가 움직인다는 것을 믿고 니케타스와 아리스타르코스도 역시 믿고 있었구나. 어떤 고대 저술가는 금성과 수성이 태양을 중심으

프톨레마이오스의 천동설 달, 수성, 금성, 태양, 화성, 목성, 토성이 지구를 돌고 있다.

니콜라우스 코페르니쿠스 • 49

로 운동하며, 궤도는 원을 그리며 태양과 떨어질 수 없다는 놀라운 견해를 갖고 있었구나. 나는 이제까지 이것을 모르고 있었어.'

코페르니쿠스는 태양이 우주의 중심이라는 가설을 입증하기 위해서 아주 복잡한 궤도를 만들지 않을 수 없었습니다.

'천동설의 모순 중의 하나는 일 년 중 어떤 특정한 시기에 어떤 행성들은 하늘에서 며칠씩 움직이지 않는 것처럼 보이는 것인데, 사실은 뒤로 움직이는 거야. 수성과 금성을 제외한 모든 행성이 이상한 움직임을 취한다는 건 말이 안 돼. 이에 대해서 프톨레마이오스는 아주 비과학적인 방법으로 이론을 세웠군. 자연을 관찰하지 않고 자신의 생각만으로 지구 중심설을 만들다니……'

코페르니쿠스는 토성과 목성 및 화성이 같은 중심, 즉 태양을 중심으로 돌고 있다고 보았습니다. 동시에 수성과 금성도 그러한 것으로 보았고 이들의 궤도뿐만 아니라 지구의 궤도까지 포함하는 커다란 범위의 행성 궤도를 생각하였습니다.

"토성과 목성, 화성은 저녁에 떠오를 때(지구가 그것들과 태양 사이에 있을 때) 가장 가깝습니다. 이에 반해 화성과 목성은 저녁에 질 때(태양이

코페르니쿠스의 태양 중심설 설명도 6개의 행성이 태양 둘레를 돌고 있다.

그것들과 지구 사이에 있을 때) 지구에서 멀리 떨어진 거리에 있게 됩니다. 이 사실은 이들 행성의 중심이 태양이며 그것들이 금성이나 수성과 마찬가지로 태양의 주위를 회전하고 있다는 것을 충분히 증명하는 것입니다."

그래서 그는 지구가 달을 거느리고 행성들 사이에서 태양의 주위를 큰 원을 그리며 주기적으로 일주한다고 주장하였습니다.

코페르니쿠스는 태양을 중심으로 한 우주 궤도를 그려 설명했습니다.

"가장 바깥쪽에 있는 행성인 토성은 30년에 한 번씩 그 궤도를 일주합니다. 그 다음 목성이 12년의 주기로 회전하고, 화성은 2년의 주기로 궤도를 일주하고 있습니다. 그리고 달을 가진 지구가 1년을 주기로 궤도를 돌고, 금성은 9개월 주기로 회전합니다. 또 수성은 80일을 주기로 회전하는데, 그 모든 중심은 태양입니다."

이러한 코페르니쿠스의 지동설은 천문학에 커다란 충격을 주는 큰 사건이었습니다.

코페르니쿠스 동상

그래도 지구는 돈다
갈릴레오 갈릴레이

이탈리아의 피사 시에는 피사의 사탑이 있습니다. 사탑이라고 불리는 것은 이 탑이 기울어져 있기 때문입니다.

그날은 바람도 없고 맑게 갠 날이었습니다. 구경꾼들이 피사의 사탑으로 몰려들기 시작했습니다. 정오 무렵에는 넓은 광장이 꽉 찰 정도로 많은 사람들이 모였습니다.

"아리스토텔레스의 학설이 옳은지, 갈릴레이의 주장이 옳은지 알아보자."

"낙하 운동의 실험이라……. 어떤 일이 벌어질지 정말 궁금한데?"

피사 대학의 교수로 있던 갈릴레이는 이 사탑에서 아리스토텔레스의 학설에도 틀린 점이 있다는 사실을 실험으로 증명해 보이겠다고 발표했습니다. 그러나 갈릴레이가 와 주었으면 하고 바라던 학장이나 대학 교수들의 모습은 보이지 않았습니다. 갈릴레이는 낙심했지만 실험을 시작하기로 하였습니다. 다섯 명의 학생이 탑 위로 올라갔습니다. 나무공과 쇠공을 동시에 떨어뜨려, 어느 쪽이 먼저 떨어지는가를 실험하기로 되어 있었지요.

다섯 명의 학생들은 두 개의 공을 가지고 한 사람씩 2층, 3층, 4층, 5층, 6층으로 올라가 갈릴레이의 신호를 기다리고 있었습니다.

"자, 잘 보세요. 무거운 물체든 가벼운 물체든 떨어지는 속도는 같습니다. 그럼 시작하겠습니다."

갈릴레이가 손뼉을 치자, 구경꾼들은 조용해졌습니다. 사탑을 에워싼 구경꾼들은 재미있는 일이 벌어질 것이라는 기대감에 부풀었습니다.

"2층 준비, 시작!"

갈릴레이는 모래 시계를 걸었습니다. 두 개의 공은 동시에 땅에 떨어졌습니다. 모래 시계는 똑같은 시간을 가리키고 있었습니다.

"이번에는 3층 준비, 시작!"

3층에 있던 학생이 두 개의 공을 떨어뜨렸습니다.

'털썩!'

이번에도 동시에 떨어졌습니다. 이어서 4층, 그리고 5층. 마지막으로 6층에서 공을 떨어뜨렸습니다. 이번에도 역시 떨어진 소리는 하나였습니다.

"실험은 끝났습니다."

구경꾼들은 멍하니 서 있었습니다. 무엇인가 재미있는 일이 벌어지리라고 기대했던 사람들은 맥빠진 표정이었습니다.

"끝났다니……. 이게 뭐야? 시시하게."

사람들은 모두 투덜대며 돌아갔습니다. 갈릴레이는 아무 말도 하지 않았습니다. 모인 사람들은 이 실험의 가치를 몰랐던 것입니다.

실험을 지켜보던 사람 중에 피사 대학의 마오조니 교수만이 갈릴레이에게 달려와 손을 맞잡고 기뻐했습니다.

"축하하네. 이건 역사적인 대실험이야. 난 이 대실험을 보았다는 걸 평생 동안 자랑으로 여길 걸세."

"고맙습니다, 교수님."

갈릴레이는 정중히 머리를 숙이고 돌아서서 그 자리를 떠났습니다. 정작 보아 주었으면 했던 학장이나 대학 교수들이 한 사람도 오지 않아 무척 섭섭하였던 것입니다. 역사적인 실험이 성공했는데도 아리스토텔레스의 학설만이 진리라고 믿는 추종자들은 그 성공의 가치를 몰랐던 것입니다.

갈릴레이는 물체가 떨어지는 속도는 무게와 전혀 관계가 없다는 '낙하의 법

갈릴레이가 지은 책 〈천문학 대화〉

피사의 사탑 갈릴레이가 낙하의 법칙을 실험한 곳으로 유명하다.

칙'을 실험한 것입니다. 진공 상태에서는 쇠공과 깃털이 같은 속도로 떨어집니다. 그렇다면 자연 상태에서는 왜 돌과 나뭇잎이 떨어지는 속도가 다를까요?

"돌과 나뭇잎을 동시에 떨어뜨리면 돌이 먼저 땅에 닿습니다. 이렇게 눈으로 보이는 현상 때문에 사람들은 무거운 물체일수록 빨리 떨어진다고 생각해 왔던 것입니다. 아리스토텔레스의 학설대로라면 쇠공은 나무공보다 두 배 빠른 속도로 떨어져야 합니다."

갈릴레이는 실험을 통해서, 물체가 떨어지는 속도는 무게와 전혀 관계가 없다는 것을 증명한 것입니다.

"자연 상태에서 돌과 나뭇잎이 떨어지는 속도가 눈에 띄게 다른 원인은 무게 때문이 아니라 공기의 저항 때문입니다. 공기에 의한 마찰이 클수록 저항도 커지고 떨어지는 속도는 느려집니다."

갈릴레이가 피사의 사탑에서 한 낙하 법칙 실험은 역사에 길이 남을 사건이었답니다.

근대 과학의 아버지, 갈릴레이

갈릴레오 갈릴레이
(Galileo Galilei, 1564~1642, 이탈리아)

갈릴레오 갈릴레이는 "그래도 지구는 돈다."는 말로 유명한, 지동설을 확립한 과학자입니다. '지동설'이란 태양이 세상의 중심이고 지구가 태양 둘레를 돌고 있다는 학설입니다. 갈릴레이는 물리학이나 천문학상 매우 중요한 연구와 발명, 발견을 많이 했기 때문에 지금도 '근대 과학의 아버지'로 존경받고 있습니다.

갈릴레이는 불과 19세 때, 흔들이가 한 번 왔다갔다 하는 시간이 항상 같다는, '흔들이의 등시성'을 발견했습니다. 이것을 바탕으로 추시계를 발명했습니다. 또 냇물이 흐르는 것을 다리 위에서 바라보다가 수압 저울을 발명하기도 했습니다. 거대한 피라미드의 무게 중심을 계산하는 방법을 연구하여 발표했으며, 마차를 타고 흔들리며 가다가 사이클로이드라는 곡선의 비밀을 발견하기도 했습니다.

이처럼 갈릴레이는 이상하다고 생각한 것은 끝까지 연구하는 사람이었습니다. 비례 컴퍼스를 만들고 온도계를 고안해 내기도 했으며, 비탈을 굴러 내려가는 공의 속도가 점점 빨라지는 것을 확인하고 〈가속도 운동에 대하여〉라는 책도 써냈습니다.

　1604년, 새 별이 나타나서 사람들이 놀라고 있을 때, "천체는 영원히 변하지 않는다."는 고대 그리스 학자인 아리스토텔레스의 학설이 틀렸다는 강연을 한 아주 용감한 학자였습니다.

　그리고 네덜란드의 렌즈 연마공이 망원경을 발명했다는 소문이 들리자 갈릴레이도 곧 망원경을 만들었습니다. 이렇게 하여 만든 망원경으로 천체를 관측하고 그 결과를 정리하여 〈별의 사자〉란 책을 썼습니다.

　갈릴레이는 코페르니쿠스의 지동설이 옳다는 믿음을 갖고 〈천문학 대화〉라는 책을 통해 지동설이 옳다는 것을 설명했습니다. 〈천문학 대화〉는 교회의 명령으로 판매 금지되고 갈릴레이도 교회를 비난했다는 죄로 종교 재판을 받아 감금 생활을 했지만, 두 눈의 시력을 다 잃고도 연구를 계속한 불굴의 의지를 가진 사람이었습니다.

　갈릴레이가 남긴 업적은 대단합니다. 그러나 무엇보다도 중요한 것은 진리를 향한 갈릴레이의 꾸준한 믿음과 정열입니다. "그래도 지구는 돈다."라는 말은 갈릴레이의 이런 학문적 신념을 잘 보여 주는 말입니다.

갈릴레이가 직접 만들어 사용한 망원경

갈릴레이의 거짓말

갈릴레이는 코페르니쿠스의 지동설이 옳다는 신념을 갖고 있었습니다. 그러자 '지구는 돌고 있다'는 갈릴레이의 생각에 반대하는 사람들은, 어떻게 해서든지 갈릴레이를 곤경에 빠뜨리려고 음모를 꾸몄습니다. 갈릴레이가 쓴 〈태양의 흑점과 논증〉이라는 책이 나오자,

"이 책은 성서의 말씀에 어긋나는 것이다. 갈릴레이는 교회의 가르침에 따르지 않고 있다."

이렇게 떠들어 대면서 갈릴레이를 종교 재판소에 고소했습니다. 종교 재판은 죄인을 쇠사슬로 십자가에 묶어 화형에 처하는 무서운 형벌을 내리던 재판이었습니다. 갈릴레이의 대답 여하에 따라 가혹한 고문을 받을 수도 있는 것입니다. 종교 재판의 고문은 사람을 거꾸로 매달아 놓고 물을 먹인다든가, 손발을 묶어 놓고 양쪽으로 잡아당기는 등 매우 잔인했습니다.

"아직도 지구가 태양의 둘레를 돌고 있다고 생각하느냐?"

예순아홉의 병든 노인인 갈릴레이는 죽음의 공포에 떨며, 하나님에게 기도를 올렸습니다. 그의 눈에서 눈물이 주르르 흘러내렸습니다.

"앞으로 지구는… 돌고… 있다는 말을 다시는 하지 않겠습니다."

기진맥진한 갈릴레이는 달리 선택의 여지가 없었습니다. 그래서 마음에도 없는 거짓말을 하였던 것입니다.

재판은 4월에 시작하여 6월까지 네 번 열렸는데 갈릴레이의 머리는 하얗게 세고 말았습니다. 갈릴레이는 감옥에 갇히는 것만은 면했습니다. 하지만 죽을

때까지 아르티에토리의 별장에서 감금 생활을 해야만 했습니다. 문 밖을 나가거나 사람을 만날 수도 없었지만 다행히도 연구만은 허락되었습니다. 갈릴레이는 "그래도 지구는 돈다."라며 자신의 신념을 굽히지 않고 연구를 계속하였습니다.

종교 재판을 받고 있는 갈릴레이

인체의 신비를 벗겨라
베살리우스와 윌리엄 하비

　16세기 중반부터 17세기 말까지 약 150년에 이르는 이 기간은, 고대와 중세의 학문 세계를 2000년 가까이 지배했던 아리스토텔레스적 과학이 무너지고 근대 과학이 탄생한 중요한 시기입니다.

　우주론과 천문학에서는 아리스토텔레스와 프톨레마이오스의 지구 중심 체계가 무너지고 코페르니쿠스와 케플러의 태양 중심 체계로 바뀌었습니다. 역학에서는 아리스토텔레스의 역학이 갈릴레이와 뉴턴의 역학으로 대체되었습니다. 그러나 화학과 생물학에서는 이런 변화가 없었습니다.

　생리학에서는, 고대부터 인정되어 오던 갈레노스의 인체 구조와 그 작용에 관한 이론 체계가 윌리엄 하비의 혈액 순환 이론으로 바뀌었습니다.

기원전 129년의 사람인 갈레노스는 창조자가 어떤 특정한 목적을 위해 각 기관을 만들었고 그 목적에 따라 각 기관의 기능이 정해졌다고 보았습니다. 이러한 생각은 교회에 무리 없이 받아들여져 그의 의학이 중세에 걸쳐 약 1500년간 서구 사회에 영향을 미칠 수 있었습니다.

갈레노스는 이렇게 주장했습니다.

"인체의 기본적인 기능은 영양과 운동, 감각이다. 이 세 가지 기능이 각 기관과 심장, 뇌에 자리잡고 있는 체액인 정맥혈, 동맥혈, 신경액과 그것들의 작용을 통제하는 자연혼, 생명혼, 그리고 동물혼에 의해 움직인다."

갈레노스의 주장에 의하면 섭취된 영양물은 정맥을 통해 간으로 보내지고 거기에서 자연혼에 의해 혈액으로 바뀝니다. 이 혈액의 한 부분은 자연혼에 의해 심장의 우심실로 보내지고, 심장에서는 혈액이 폐로부터 들어온 생명혼을 공급받아 동맥을 통해 다시 말초로 운반됩니다. 그러나 갈레노스

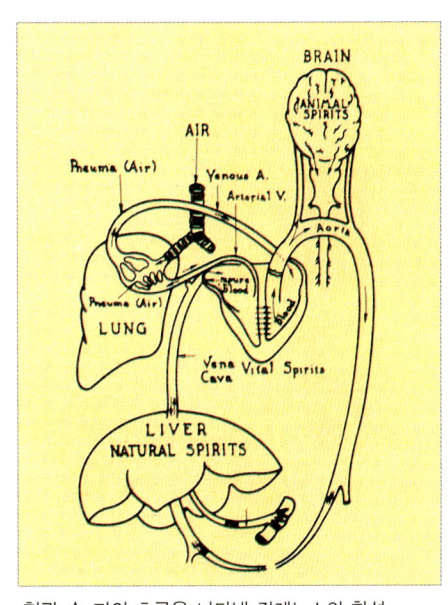

혈관 속 피의 흐름을 나타낸 갈레노스의 학설

의 해부학 지식은 인간이 아니라 원숭이나 소, 돼지 등을 해부하여 얻어 낸 것이었습니다.

　중세 르네상스를 거쳐 근대 초기까지 의사라는 직업은 장인적 요소와 학자적 요소가 서로 매우 밀착되어 있었습니다. 해부는 연구 과정이 아니라 교실의 학생들 앞에서 이미 알려진 사실들을 가르치는 것에 불과했습니다. 교수가 책에서 적당한 구절을 읽는 동안 해부만을 담당하는 이발사 겸 외과의사가 실제의 해부 작업을 행하는 식의 수업이었습니다.

베살리우스가 〈인체의 구조에 관하여〉라는 책을 발표한 때는 코페르니쿠스가 천체의 운동에 관한 새로운 학설을 발표한 해와 같은 1543년입니다. 베살리우스는 직접 자기 손을 써서 행하는 해부의 중요성을 강조했습니다. 그는 자신이 직접 행한 인체의 해부를 통해서, 그동안 받아들여져 온 갈레노스의 해부학적 지식이 많은 경우 인체에 대한 것이 아니라 개나 원숭이 같은 동물의 것을 인체에 적용한 것임을 밝혀 내고 문제점을 지적했습니다.

　그러나 베살리우스는 해부를 통한 경험적 지식만을 중요시하고 그 작용이나 기능에 대한 이론적 지식을 추구하지는 않았습니다. 혈액이 어떻게 해서 심장의 우심실에서 좌심실로 옮겨갈 수 있는가 하는 것을 설명하지는 못했던 것입니다. 베살리우스는 고등 교육을 받은 의사의 신분으로 손수 해부하고 관찰함으로써 새로운 의학의 시대를 연 인물로 큰 의미가 있습니다.

　혈액 순환의 실마리를 푼 사람은 '하비' 였습니다.

　"정맥 속의 판막이, 혈액을 정맥에서 심장으로 향하는 방향으로만 흘러가게 한다. 심장 속의 판막은 혈액

을 동맥 쪽으로만 통과시킬 뿐이므로 혈액은 정맥에서 심장을 지나 동맥으로 일방 통행하고 있다."

하비는 이것을 인체 해부를 통해 밝혀 냈습니다. 하비는 팔을 느슨하게 동여매어 동맥과 정맥이 부풀어오르는 모양을 관찰하였습니다. 정맥은 팔의 피부 가까이 있고 동맥은 보다 깊은 곳에 있기 때문에 팔을 적당한 세기로 동여맴으로써 정맥과 동맥의 흐름을 모두 차단할 수도 있고 정맥 하나만 차단할 수도 있었습니다.

이와 같이 하비는 단순한 해부와 관찰뿐만 아니라 실제 실험을 중시했습니다.

갈레노스에서 하비에 이르기까지의 의학 연구는 이처럼 많은 실험을 통해 이루어진 것입니다. 그다지 세련되지 못한 실험이었을지라도 하비의 이러한 실험의 중요성은 높이 평가되어야 할 것입니다.

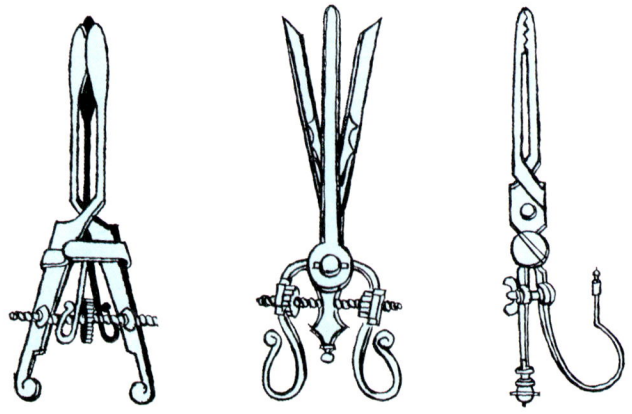

하비가 살던 당시 쓰이던 외과용 의료 도구

근대 해부학의 기초를 닦은 베살리우스

안드레아스 베살리우스
(Andreas Vesalius, 1514~1564, 벨기에)

 달도 없는 캄캄한 밤입니다. 넓은 광장의 한가운데에는 그날 낮에 교수형을 당한 시신이 대롱대롱 매달려 있었습니다. 그런데 이 사형수의 시신을 끌어내려 등에 업는 한 남자가 있었습니다. 모자를 깊숙이 눌러써 얼굴을 가린 남자는 불안한 눈으로 사방을 둘러보더니 아무도 없는 것을 확인하고는 빠른 걸음으로 어디론가 사라졌습니다.
 남자는 무거운 시신을 업고 자신의 연구실로 들어섰습니다. 그러고는 밤새도록 시신을 해부하고 노트에 기록하느라 시간 가는 줄 몰랐습니다.
 이 남자가 바로 인체 해부학자인 베살리우스입니다. 베살리우스의 해부학 강의는 대학에서 아주 유명했습니다.
 "마치 살아 있는 사람을 해부해 본 것 같아. 정말 실감나게 설명을 잘하지 않아?"
 그의 강의를 들은 학생들은 모두 눈이 휘둥그레졌습니다. 교수대에서 없어진 시신의 행방을 찾던 경찰은 학생들의 이 말을 듣고 베살리우스를 시체 도둑으로 생각하고 증거를 잡기 위해 주위를 맴돌았습니다.

"여보게, 조심하게. 요즘 경찰이 자네에 대해 꼬치꼬치 캐묻고 다닌다네."

동료 교수들의 말을 듣고 베살리우스는 그 날로 짐을 꾸려 도망쳐 나와 학문의 자유가 있는 이탈리아로 갔습니다. 그리고 뛰어난 해부학 능력을 인정받아 파두아 대학의 교수로 취직이 되었습니다.

베살리우스는 자신이 기록한 노트에 한 화가의 도움을 받아 정확한 그림을 곁들여 1538년에 〈학생을 위한 해부학〉이라는 책을 펴냈습니다. 당시 중세 의학은 로마 시대의 갈레노스의 이론에 바탕을 두고 있었는데, 낮은 의학 상식과 편견 등 잘못된 것이 많았습니다. 베살리우스는 1543년 자신의 연구를 다 모아 〈인체 구조에 관하여〉라는 책을 출판했습니다.

하지만 베살리우스 역시 제대로 해석하지 못한 것이 있었습니다. 그것은 인체 심장 구조 및 피돌기의 원리였습니다. 이 부분은 훗날 하비가 '혈액 순환 법칙'을 명확히 밝혀내어 의학의 발달에 신기원을 이루었습니다.

〈인체 구조에 관하여〉의 속표지
베살리우스가 직접 인체를 해부하는 모습이 그려져 있다.

'피는 온몸을 돈다'를 증명한 윌리엄 하비

윌리엄 하비
(William Harvey, 1578~1657, 영국)

　1628년 영국의 의학자 하비가 〈심장과 피의 운동〉이라는 책을 펴냈습니다. 그는 이 책에서 처음으로 '사람의 몸속에 있는 피는 심장을 중심으로 온몸을 돌고 있다.'는 사실을 밝혀냈습니다.

　옛날 사람들도 피는 심장에서 온몸으로 퍼진다는 것까지는 알았습니다. 그러나 심장에서 온몸에 퍼진 다음에는 몸의 각 부분에 영양을 공급하고 나서 소변 등으로 사라진다고 믿었습니다. 그러니까 동맥을 통해 온몸에 퍼진 피가 실핏줄을 거쳐서 정맥으로 다시 모여 심장으로 돌아온다는 사실은 알지 못했던 것입니다.

　동맥은 심장에서 몸의 각 부분으로 피를 보내는 핏줄을 말합니다. 벽이 두꺼우며 탄력성이 크고 몸 깊은 곳에 뻗어 있습니다. 정맥은 더러운 피를 심장으로 보내는 핏줄입니다.

　하비는 아주 간단한 방법으로 이 사실을 알아냈습니다. 하비는 우선 동물의 피를 그릇에 받았습니다. 그리고 그 피의 양과 시간을 계산하여, 하루 종일 그 동물이 동맥을 통해서 온몸에 공급하

하비의 실험 정맥의 혈액은 한쪽 방향으로만 흐르고 있다는 것을 보이고 있다.

는 피의 분량이 자기 몸의 몇 배나 되는 분량이라는 사실을 알아 냈습니다.

"이상하다. 아무리 짐승이라도 하루에 자기 몸의 몇 배나 되는 물을 마실 수는 없는데……."

하비는 심장에서 뿜어 내는 피가 모두 몸에 흡수되고 나머지는 몸 밖으로 배설된다는 기존의 이론이 잘못되었다는 것을 알게 된 것입니다.

그러자 종교계에서는 거센 반발이 일어났습니다.

"신께서는 인간을 자신과 똑같은 모습으로 창조하셨다. 또 동물과는 다른 지혜를 주셨다. 그런데 어떻게 동물을 실험하고서 인간의 몸도 동물과 같은 것이라고 하는가. 하비 교수의 학설은 무시해야만 한다."

그러나 의사들은 하비의 말에 귀를 기울였습니다. 하비는 실핏줄을 통해서 동맥에서 정맥으로 흐르는 피를 확인하지는 못했습니다. 왜냐하면 당시에는 아직 현미경이 없었기 때문에 실핏줄을 발견할 수가 없었던 것입니다. 하비의 주장은 중세 고전 의학에 코페르니쿠스적 전환을 이룬 것으로 큰 가치가 있습니다.

베살리우스와 하비는 의학의 근대적인 짜임새를 만들어 준 셈입니다. 의학의 핵심이라고 할 수 있는 해부학과 생리학이 그들에 의해서 본격적으로 발달하게 되었기 때문입니다.

달은 지구를 향해 떨어지고 있다
아이작 뉴턴

　1665년 뉴턴은 고향인 영국의 울즈도오프로 돌아왔습니다. 런던은 물론 케임브리지에까지 무서운 페스트가 유행했기 때문에 학교가 쉬게 되었던 것입니다.
　실험도구나 재료가 없어 연구를 할 수 없게 된 뉴턴은 어느 날 사과나무 밑에 앉아 책을 읽고 있었습니다. 그때 갑자기 사과 한 개가 떨어지면서 뉴턴의 무릎을 스치며 데굴데굴 굴러갔습니다.
　뉴턴은 깜짝 놀라 책에서 눈을 떼고 땅바닥에 떨어진 사과를 바라보았습니다. 그때 번개같이 떠오르는 생각이 있었습니다.
　'이 사과는 지구가 당기는 힘이 있기 때문에 떨어진 것인데 사과에는 다른 물체를 당기는 힘이 없는 것일까? 사과가 좀 더 높은 곳에 있었다면…… 달과 같이 높은 곳에 있었다면 어떻게 될까? 그래도 사과가 땅으로 떨어질까? 달은 어째서 지구 위로 떨어지지 않는 것일까? 사과가 떨어지는 힘은 태양과 지구 사이에도 있을 거야. 별과 달 사이에도 그런 힘이 있을까? 그렇다면 이 힘을 수학적으로 계산할 수 있을까?'

이 무렵엔 이미 물건이 떨어진다는 것은 지구에 당기는 힘 즉, 중력이 있기 때문이라는 것을 누구나 알고 있었습니다. 그렇지만 뉴턴처럼 이것을 수학적으로 계산하려는 생각을 한 사람은 아직 한 명도 없었습니다.

뉴턴은 얼른 방으로 돌아와 그 계산 방법을 생각하기 시작했습니다. 생각하고 계산하고 하는 동안 뉴턴은 달과 지구의 크기와 무게를 정확하게 알고 싶었습니다.

이 떨어진 사과 사건을 계기로 뉴턴은 만유 인력의 법칙을 수학적으로 설명하여 〈프린키피아 - 자연 철학의 수학적 원리〉라는 책을 냈습니다. 이 책에서 지구상의 물체와 항성, 혹성, 위성, 혜성 등의 운동에 관한 것을 수학적 공식으로 설명하였습니다. 이 계산에 기본이 되는 법칙이 바로 '만유 인력의 법칙' 인 것입니다.

맑고 청명한 어느 날, 뉴턴의 방으로 여동생 한나가 벤저민과 마리를 데리고 들어왔습니다. 뉴턴은 방문을 꼭 닫고 유리를 삼각형으로 만든 도구(프리즘)로 태양 빛을 조사하고 있었습니다.

"마침 잘 왔어. 내가 재미있는 것을 보여 줄게. 잘 봐."

뉴턴은 문 틈으로 들어오는 태양 빛에 프리즘을 갖다 댔습니다. 그러자 벽에 아름다운 무지개 빛깔이 비쳤습니다.

"야, 무지개다 ! 정말 근사해!"

벤저민과 한나는 감탄했습니다. 뉴턴이 큰 돋보기를 무지개가 비쳐진 벽으로 가지고 가자 이상하게도 무지개는 없어지고 보통의 태양 빛으로 되어 버렸습니다.

"와, 형은 요술쟁이다!"

동생들은 이렇게 소리치며 기뻐했습니다.

'태양 빛은 무지개 빛깔이 섞인 것인데, 하나하나의 빛깔은 프리즘을 지날 때 다르게 꺾인다. 망원경의 볼록 렌즈를 지나가는 빛도 이렇게 되니까 오목 렌즈로 빛을 모으면 되겠구나.'

 그래서 뉴턴은 재료를 구해 즉시 망원경을 만들기 시작했습니다. 갈릴레이나 케플러가 생각한 그 무렵의 망원경보다 모양부터 상당히 달랐는데 멀리까지 선명하게 보였습니다. 이것이 뉴턴의 '반사 망원경' 입니다. 이 발명이 없었더라면 천문학은 지금처럼 발전하지 못했을 것입니다.

뉴턴이 사용했던 망원경

갈릴레이의 뒤를 이은 과학자 뉴턴

아이작 뉴턴
(Isaac Newton, 1642~1727, 영국)

어렸을 때의 뉴턴은 학교 성적이 좋지 않았고 울기를 잘해 '울보'라고 놀림을 받았답니다. 아주 약한 아이라 할머니는 늘 걱정이었습니다. 뉴턴의 어머니는 젊은 나이에 과부가 되어 이웃 마을로 재혼을 해 갔기 때문에 뉴턴은 늘 엄마를 그리워하며 혼자 놀기를 좋아하는 아이였습니다.

과학은 그리스와 이집트를 중심으로 발달해 오다가 중세 유럽에 이르러 기독교에 의해 박해를 받았습니다. 그러나 지동설을 발표한 코페르니쿠스나 끝까지 지동설을 주장하다가 화형에 처해진 브루노, 실증 실험을 중요하게 여기던 갈릴레이 등 수많은 과학자들이 온갖 박해를 받으며 연구를 계속했습니다. 이들의 뒤를 이은 사람이 바로 뉴턴입니

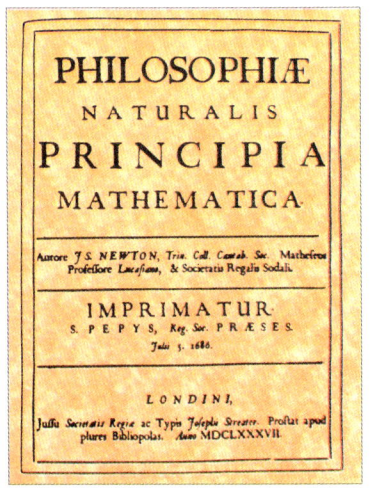

뉴턴의 〈프린키피아〉

다. 갈릴레이가 사망하던 해에 태어난 뉴턴은 과학의 아버지라고 불리던 갈릴레이의 뒤를 이은 셈입니다.

뉴턴이 태어난 집과 뜰의 사과 나무

뉴턴이 다니던 중학교 과정에는 수학과 과학 같은 과목이 없었습니다. 대학에서 처음 수학과 물리학을 배우게 된 뉴턴은 드디어 타고난 과학적인 소질을 발휘하기 시작했습니다.

뉴턴은 대학을 졸업하기 전인 1665년에 '이항 정리'를 발견하였습니다. 그 이듬해에는 이항 정리로부터 '미분학'을 발전시키고 또 '적분학'을 수립하였습니다. 뉴턴은 수학자인 라이프니츠와 함께 처음으로 '미적분학'을 세운 수학의 천재였습니다.

'만유 인력 법칙의 발견자'인 뉴턴은 '빛은 입자'라고 생각하여 빛의 굴절 현상을 만유 인력의 법칙으로 설명하려고 하였습니다.

그 무렵 네덜란드의 호이헨스는 '빛은 파동'이라고 주장하여 서로 대립하게 되었습니다. 지금은 '빛은 입자, 파동의 두 가지 성질을 가지고 있다'고 설명됩니다.

뉴턴의 초인적 연구는 〈프린키피아 – 자연 철학의 수학적 원리〉라는 책에 잘 나타나 있습니다. 이 책은 지구상의 물체와 항성, 혹성, 위성, 혜성 등의 운동에 관한 것으로 수학적 공식으로 설명하는 법이 자세히 적혀 있습니다. 이 이론의 기본 법칙이 바로 '만유 인력의 법칙' 입니다.

뉴턴이 위대한 과학자가 된 것은 자연 현상에 관심을 갖고 관찰과 실험을 통해 사고력을 키워 나갔던 덕분입니다.

뉴턴의 연구실

현대 과학은 뉴턴의 역학을 바탕으로 발전한 것

현대를 우주 시대라고 합니다. 지구 둘레를 2천여 개의 인공 위성이 돌고 달나라에도 사람이 착륙하는 시대입니다. 지금의 우주 과학은 뉴턴의 역학을 바탕으로 발전한 것입니다. 뉴턴은 '빛은 입자'라고 생각하여 빛의 굴절 현상을 만유 인력의 법칙으로 설명하기도 하였습니다.

뉴턴은 사과가 나무에서 떨어지게 하는 힘과 지구가 태양 둘레를 돌게 하는 힘이 사실은 같다는 것을 증명하였습니다. 그런데 이 두 힘이 어떻게 같은 것일까요?

"지구와 같은 큰 덩어리를 집 정도의 크기로 줄여 놓고 보면, 사과와 지구 사이의 힘이나 지구와 태양 사이의 힘이 비슷하다는 것을 알 수 있지요. 이 유사함을 수학적으로 증명하기 위해 미적분학을 만든 것입니다."

그러면 왜 사과는 떨어지고 지구는 떨어지지 않는 것일까요?

"지구는 처음 만들어질 때 정지해 있지 않고 움직이고 있었기 때문에 태양 주위를 공전하고 있어요. 하지만 사실은 태양 쪽으로 계속 떨어지고 있습니다. 태양의 끌어당기는 힘이 작용하기 때문이지요. 이것은 달이 지구를 향해 계속 낙하하고 있는 원리와 같습니다. 그러므로 사과와 지구에 작용하는 중력이 통일된 것이라고 할 수 있지요."

이것이 바로 '만유 인력의 법칙'입니다.

짜릿한 전기, 대발견!
벤자민 프랭클린

 비가 쏟아지고 천둥 번개가 치는 무서운 밤이었습니다. 프랭클린은 아들과 함께 연을 만들어 날렸습니다. 전나무로 얼개를 짜 만든 연에 긴 철사를 매고 연줄로는 삼베줄을 매달았습니다. 또 번개가 빗물에 젖은 삼베줄을 타고 내려와 몸으로 들어오는 것을 막기 위해 줄 끝에는 비단 리본을 연결했으며, 비단 리본과 삼베줄의 연결 부분에는 커다란 쇠 열쇠를 매달았습니다. 이 쇠 열쇠에는 라이덴병을 연결시켰습니다.

 "아버지, 이제 어서 연을 날려요."

 "얘야, 이 실험은 정말 위험해. 만약 일이 잘못되면 아버지는 죽을지도 몰라. 그러니 너는 멀찌감치 떨어져 있어야 한다. 아버지가 번개에 맞더라도 절대로 아버지 가까이에 오면 안 된다. 명심해."

프랭클린은 아들이 걱정되었습니다. 혼자서 하려던 실험이었는데 연 만드는 것을 본 아들이 호기심에 자신이 실험하는 곳까지 따라온 것입니다.

"자, 연을 날리자!"

연은 비바람을 뚫고 하늘 높이 날아올랐습니다. 연이 높이 올라갈수록 프랭클린은 가슴이 졸아드는 느낌이었습니다.

'위험한데 그만둘까……. 아냐, 내 생각이 맞을 거야. 벼락은 전기가 틀림없어. 그리고 그 전기는 이 라이덴병에 모아질 테니 나는 안전해. 아, 다리가 떨리네. 내가 미친 짓을 하는 걸까.'

프랭클린의 마음 속에서는 여러 가지 갈등이 일어나 정신을 어지럽게 만들고 있었습니다.

그때 번개가 번쩍 하고 쳤습니다. 순간 벼락이 연에 떨어졌습니다. 그러나 연은 타거나 부서지지 않았습니다. 연줄을 타고 내려온 벼락이 라이덴병으로 흘러내렸기 때문입니다. 번개가 친 뒤에 라이덴병은 전기를 흘려보냈을 때처럼 충전되어 있었습니다.

"야! 성공이다. 성공이야. 내가 벼락은 전기가 틀림없다고 했지? 과연 내 말이

라이덴병 유리병의 안팎에 얇은 주석판을 붙이고 금속 막대를 안쪽 주석판에 연결시킨 것으로, 금속 막대에 전기를 보내면 전기가 주석판에 모인다. 초기 형태의 축전지라 할 수 있다.

맞았어."

"아버지, 전기가 모였어요. 정말 신기해요!"

프랭클린은 실험이 성공하자 한 걸음 더 나아가 구름 속에 있는 벼락을 땅으로 끌어내릴 수 있는 방법을 생각하기 시작했습니다. 그것이 바로 프랭클린이 발명한 '피뢰침'이랍니다.

"신은 인간을 사랑하시기 때문에 벼락을 피할 수 있게 해 주셨어요. 가는 쇠막대의 한 쪽을 땅 속에 깊이 묻고, 다른 한 쪽 끝은 건물 꼭대기보다 높이 다는 겁니다. 이렇게 하면 벼락의 피해를 입지 않습니다."

큰 재앙을 피할 수 있게 해 준 피뢰침은 미국은 물론 전 세계에 퍼져 많은 사람들의 목숨과 재산을 구해 주었습니다. 지금도 큰 빌딩을 지을 때는 반드시 옥상에 피뢰침을 세우고 있습니다.

전류가 어디에서 생기는 것인지 궁금했던 프랭클린은 라이덴병을 영국에서 얻어 왔습니다.

"유리 막대기를 문질러서 전기가 생겼다면 그 막대를 문지른 사람의 손에서 전기가 생긴 걸까? 그렇다면 그 사람의 손은 어디에서 전기를 얻었을까? 땅에서 얻었을까?"

프랭클린은 실험을 통해 알아보기로 했습니다. 먼저 그는 밀랍(꿀벌의 집에서 꿀을 짜내고 남은 찌꺼기를 끓인 것) 덩어리 위에 사람을 세웠습니다. 밀랍은 부도체(전기가 통하지 않는 물질)니까 그 사람은

공기 외에는 아무 접촉도 없는 것입니다. 따라서 아무것도 그에게 전기를 전해 줄 수는 없습니다.

밀랍 위에 있던 사람이 유리 막대기를 문질렀습니다. 그러자 거기서도 전기가 생겼습니다.

"자, 그렇다면 전기는 땅에서 오는 것도 아니고 도대체 어디서 오는 걸까? 몸 안에서 생겼다고 볼 수밖에 없는데……."

프랭클린은 다른 또 한 사람을 밀랍 덩어리 위에 세웠습니다. 첫 번째 사람이 전기를 띤 유리 막대기를 두 번째 사람의 몸에 댔습니다. 그러자 전기는 그 사람의 몸으로 흘러들어가서 그 몸이 대전 현상(어떤 물체가 전기를 띠는 현상)을 일으켰습니다. 두 번째 사람의 몸이 깃털을 끌어당긴 것입니다. 그리고 그가 도체(전기가 통하는 물질) 가까이 손가락을 가져가자 거기서 불꽃이 튀었고, 손가락은 전기를 띠지 않은 상태로 되돌아갔습니다. 전기를 내보낸 것입니다.

여기서 중요한 것은 두 사람이 서로 다른 전기의 양(전하)을 가지고 있었다는 것입니다. 두 사람 가운데 두 번째 사람은 유리 전기를 가졌고, 첫 번째 사람은 수지 전기를 가졌습니다. 유리 막대기로 대

번개 전기를 띤 구름과 구름이 부딪쳐 방전을 일으키면서 밝은 빛을 내는 현상

전된 코르크와 수지 막대기로 대전된 코르크를 준비해서 확인하면 알 수 있습니다.

"모든 물체는 항상 일정한 양의 전기를 갖고 있다. 그러나 평소에는 그렇게 전기를 띠고 있지 않은 것처럼 보인다. 아무것도 끌어당기지 않기 때문이다. 마찰을 함으로 인해서 전기 속에는 어떤 물체에서 나오는 것과 어떤 물체로 들어가는 것이 있게 된다. 그렇게 해서 물체는 평소의 것 이상의 양이거나 그 이하의 양을 갖게 된다. 그 어떤 경우라도 결국 전하를 가진 물체로서의 반응을 보이는 것이다."

프랭클린은 평소의 것 이상의 양을 갖는 것을 '플러스 전하', 평소 이하의 전기 양을 가진 것을 '마이너스 전하'라고 불렀습니다.

두 가지 물체가 플러스 전하를 가졌을 경우에는 서로 반발해서 상대편을 밀어내 버립니다.

그 물체들은 이미 충분한 전기를 가지고 있기 때문입니다.

두 가지 물체가 다 마이너스 전기를 갖는 경우에도 마찬가지입니다.

양쪽이 모두 충분한 전기를 갖지 못했기 때문에 상대편에게 전기를 주지 않으려고 서로 밀어내게 됩니다.

그렇지만 두 물체가 서로 다른 전하를 가졌을 때는 서로 끌어당기게 됩니다.

전기가 플러스 전하를 가진 물체에서 마이너스 전하를 가진 물체로 흘러가는 것입니다. 그 뒤로 두 물체는 적당한 양의 전기를 갖게 되어 모두가 전기를 띠지 않은 중성의 상태가 됩니다.

  이렇게 전류의 작용이 밝혀지자 프랭클린은 라이덴병을 이용하여 번개가 전기라는 것을 증명해 보인 것입니다.

  피뢰침은, 전기의 지식이 실제로 인류에게 유익하게 쓰여진 최초의 것이었습니다.

번개를 끌어내린 프랭클린

벤자민 프랭클린
(Benjamin Franklin, 1706~1790, 미국)

  프랭클린은 1706년 미국의 보스턴에서 태어났습니다. 비누와 양초를 만드는 조슈아 프랭클린의 열일곱 자녀 중 열다섯 번째 아이였습니다. 비싼 학비 때문에 프랭클린은 학교 교육이라고는 2년밖에 못 받았습니다. 그는 열두 살이 되면서 형 밑에서 인쇄소 일을 하였습니다. 스물네 살에 프랭클린은 자신의 인쇄소를 차렸고 신문도 발행하였습니다.

프랭클린이 인쇄공 시절에 사용했던 인쇄기

인쇄소를 경영하는 프랭클린

프랭클린은 최초로 신문에 만화를 삽입한 사람이었고, 세계 최초로 도서관에 신문을 구독하도록 하였습니다. 프랭클린은 무엇보다 전기 분야에 관한 연구를 하였습니다.

그 당시에는 전기에 대해 그리 많이 알려진 상태가 아니었습니다. 번개의 본질이 전기일지도 모른다는 생각을 프랭클린이 처음 한 것은 아닙니다.

독립 선언의 서명 서 있는 사람 가운데 오른쪽에서 첫 번째가 프랭클린이다.

그러나 번개를 구름에서 끌어내기 위해 금속으로 만든 뾰족탑을 세우자는 제안을 한 것은 프랭클린이 그 최초의 사람이었습니다. 이 연구의 결과로 피뢰침이 발명된 것입니다.

프랭클린은 미국의 독립을 위해 군대를 조직하여 싸우기도 하였습니다. 1783년 미국이 독립하자 펜실베니아의 주지사가 되었고, 헌법 제정 회의에 참가하여 미국 건국을 위해 노력하였습니다. 그래서 많은 미국인들은 프랭클린을 '대표적인 미국인'으로 존경하고 있답니다.

번개의 비밀

"번개는 왜 생기는 거예요, 아버지?"

아들의 질문에 프랭클린은 자세히 설명해 주었습니다.

"하늘에서 일어나는 천둥과 번개는 구름과 구름, 그리고 구름과 땅이 만들어 내는 것이야. 천둥과 번개는 구름들 중 특히 구름 꼭대기의 온도가 섭씨 20도 이하인 적란운에서 많이 생기지. '적란운'이란 수직으로 발달한 커다란 구름을 가리킨단다. 이 적란운 속에서 물과 얼음 입자들이 서로 부딪히면서 정전기가 일어나는데 구름 위쪽에는 플러스 전하가 생기고 아래쪽에는 마이너스 전하가 생기게 돼. 번개는 이 서로 다른 전하가 방전을 일으키는 현상이야."

아들이 잘 모르겠다는 표정을 짓자 프랭클린은 빙긋 웃으며 말을 덧붙였습니다.

"다른 전기적 성질을 가진 구름들이 만나거나 같은 구름 속에서 전위의 차가 커질 때 서로 반대의 전하를 주고받기 위해 순간적으로 많은 전기가 흐르게 되는데 이때 천둥과 더불어 전기가 땅으로 흐르게 되면 번개가 발생하는 것이란다."

"아하, 그래서 번개가 전기라고 생각하시는 거군요. 그럼 번개는 왜 땅으로만 내리치는 거예요?"

"번개가 우리 눈에는 땅으로 뻗쳐 내리는 것처럼 보이지만 사실은 0.01초

사이에 구름과 땅 사이를 몇 번이나 왕복한단다."

"너무 빨라서 우리 눈에는 안 보이는 거군요."

"피뢰침은 이 전류가 땅으로 흘러 버리도록 번개가 지나가는 길을 안내하는 일을 한단다. 피뢰침이 서 있는 높이의 1.5배 거리에 있는 번개를 끌어들이는 거지."

이처럼 프랭클린은 자신의 생각을 실험을 통해 입증한 훌륭한 과학자였습니다.

천둥과 번개가 발생하는 구름 속에는 그림처럼 +와 −의 전기가 분포되어 있다. 때때로 이 전기가 방전을 일으키는데 이것이 바로 번개이다.

전기의 흐름을 잡아라
알레산드로 볼타

　1786년 이탈리아에 루이기 갈바니라는 생물학자가 있었습니다. 갈바니는 오랫동안 병을 앓고 있는 아내를 위해 개구리탕을 준비하고 있었습니다. 아내의 병에는 다른 약보다 개구리탕이 제일이라는 소문이 있었기 때문입니다.
　갈바니가 개구리탕을 끓이려고 준비했던 칼을 개구리 다리에 댔을 때였습니다. 개구리 다리의 근육에서 경련이 일어났습니다.
　"아, 동물의 다리 근육에 금속을 대면 경련을 일으키는구나."
　그 후 어느 날, 갈바니는 전기와는 관계가 없는 어떤 실험에서 개구리 다리를 사용하고 있었습니다. 그때 마침 옆에 있던 라이덴병의 불꽃이 개구리 다리에 닿았습니다. 그러자 다리가 꿈틀거렸습니다.
　"근육이 수축해서 움직이는 것은 개구리가 살아 있을 때나 가능한 일인데, 죽은 개구리 다리가 꿈틀하다니…….”

 전기가 죽은 것의 근육을 살아 있는 것처럼 움직이게 하는 것을 보고 갈바니는 전기와 생물의 생명에 무슨 관계가 있는 것은 아닌지 의문이 들었습니다.

 번개가 치면서 비가 내리던 날, 갈바니는 실험용으로 사용하던 개구리의 다리를 바람에 날려가지 않도록 낚싯바늘에 꿰었습니다. 그리고 그 다리를 창 밖에 놓인 철제 난간에 걸쳐 놓았습니다. 이때도 역시, 번개가 치자 죽은 개구리 다리의 근육이 잠시 동안 꿈틀대며 움직이는 것을 갈바니는 똑똑히 볼 수 있었습니다.

 갈바니는 아주 맑은 날에도 같은 실험을 했습니다. 역시 같은 현

상이 일어났습니다.

"살아 있는 것은 전기를 가지고 있다. 생물은 죽은 뒤에도 당분간은 전기가 꺼져 버리지 않는다. 생물의 근육은 서로 다른 금속에 접촉되면 다시 꿈틀거릴 수 있다."

그래서 갈바니는 "동물의 근육에도 전기가 있다."는 연구 결과를 발표하였습니다.

당시 파도바 대학 교수로 있던 알레산드로 볼타는 이 연구 발표에 상당히 많은 관심을 가졌습니다. 볼타 역시 근육의 수축 현상에 의문을 갖고 있었기 때문입니다. 그래서 그는 본격적으로 전지 연구에 들어갔습니다.

1799년, 볼타는 어떤 마찰이나 근육 조직을 사용하지 않고 전기를 일으키는 방법을 생각했습니다.

"서로 다른 두 가지 금속이 도체인 소금물에 녹아서 화학 변화를 일으키면 소금물은 전기를 포함하게 된다. 왜 그럴까?"

두 가지 금속 중의 하나는 전기가 생겨 플러스 전하가 되고, 다른 한쪽 금속은 전기를 잃어 마이너스 전하가 되는 것을 증명하기 위해 볼타는 실험을 계속하였습니다.

볼타는 소금물이 들어 있는 그릇을 한 줄로 늘어놓고, 구리 조각의 양끝이 소금물에 닿도록 해서 다리를 놓듯 구리 조각을 놓았습니

다. 그리고 두 번째 그릇에서 세 번째 그릇으로는 주석으로, 세 번째 그릇과 네 번째 그릇은 구리로, 이렇게 주석 조각과 구리 조각을 교대로 놓았습니다.

　실험 결과, 구리는 모두 플러스 전하를 나타냈고, 주석은 모두 마이너스 전하를 나타냈습니다. 볼타는 한쪽 끝에 있는 그릇의 주석과 다른 쪽 끝에 있는 그릇의 구리를 철사로 연결해 보았습니다. 그랬더니 한쪽 끝의 남아도는 전류가 전류의 부족 상태에 있는 다른 한쪽 끝의 철사에 전해져 흘러갔습니다. 이렇게 같은 종류의 물체를 완전하게 한 줄로 늘어세운 것을 물체의 '배터리'라고 합니다.

알레산드로 볼타

"묽은 황산에 아연판과 구리판을 넣기만 하면 지속적으로 전기를 얻을 수 있다!"

연구와 실험을 거듭한 끝에 볼타는 드디어 전지를 발명하게 되었습니다. 볼타는 소금물이 들어 있는 몇 개의 그릇에 금속 조각을 넣고 전기를 일으켰습니다. 이것이 바로 '전지'입니다. 이때가 1800년이었습니다. 이것은 오늘날까지 전지와 축전지의 기본 원리가 되고 있습니다. 볼타는 전지를 발명한 최초의 인물이며, 전압의 단위 'V(볼트)'는 볼타의 이름에서 유래된 것입니다.

볼타가 만든 전지

볼타의 '전지' 대발명

카운트 알레산드로 볼타 (Count Alessandro Volta, 1745~1827, 이탈리아)

볼타는 북이탈리아의 코모시에서 태어났습니다. 그곳에서 공립 학교를 마친 다음 왕립 학원을 졸업했습니다. 볼타는 네 살 무렵에도 말을 못해 부모의 속을 많이 태웠는데, 일곱 살 때부터 보통 어린이와 같아졌다고 합니다. 볼타는 영국의 화학자 프리스틀리가 쓴 전기 연구의 역사에 관한 책을 읽고 전기에 흥미를 느껴 화학과 물리학을 공부했습니다.

볼타는 1769년 〈전기 불꽃의 인력에 대하여〉라는 최초의 논문을 발표했고, 전기 쟁반 외에 정전기에 관한 기계를 발명했습니다.

볼타는 볼타 전지를 만들었는데 이 볼타 전지를 통해 정상 전류를 얻게 되었습니다. 볼타의 전지는 유명해져 1801년 나폴레옹 1세가 볼타를 파리에 초청했으며, 볼타는 나폴레옹 앞에서 전지를 사용한 물의 분해 실험을 해 보였습니다. 나폴레옹은 볼타에게 금메달과 훈장을 수여했는데, 당시 북이탈리아를 지배하고 있던 나폴레옹은 1810년에 볼타에게 백작의 직위를 수여하기도 하였습니다.

전지와 축전지란 무엇일까요?

우리 집에는 축전지(배터리)로 움직이는 기구와 기계들이 얼마나 많이 있을까요? 라디오, 손전등, 장난감, 벽시계, 손목시계 등은 모두 축전지로 움직입니다. 축전지는 크기와 모양이 다양합니다. 어떤 것은 알약보다 조금 큰 것이 있는가 하면, 어떤 것은 사람이 들 수 없을 정도로 큰 것도 있습니다.

그러나 대부분의 축전지는 공통점을 갖고 있습니다. 화학 에너지를 저장하고 있으며 이것을 전기 에너지로 바꾼다는 것입니다.

전지는 전기를 생산하는 기본적인 단위이고 축전지는 둘 또는 그 이상의 전지를 가지고 있습니다. 우리가 보통 건전지라고 부르는 것은 하나의 전지를 말하는 것입니다.

손목시계에 쓰이는 알약 크기의 축전지는 한 개의 전지입니다. 전지는 전자들이 도체를 따라서 움직일 수 있도록 힘을 주는 펌프와 같은 역할을 합니다.

전지의 내부를 자세히 보면, 전지는 세 개의 주요 부분으로 이루어져 있습니다. 음극과 양극이 있고 이들 사이에 전해질이라고 하는 화학 물질이 들어 있습니다.

전해질은 축축한 죽이나 액체로 되어 있으

건전지   수은전지

며 이것이 전기를 잘 통하게 만들어 줍니다. 전지에서 일어나는 화학 반응으로 전자들이 음극을 통해 나갑니다. 그리고 전지에 연결된 기구에 전력을 공급하고 양극으로 되돌아오는 원리를 갖고 있습니다.

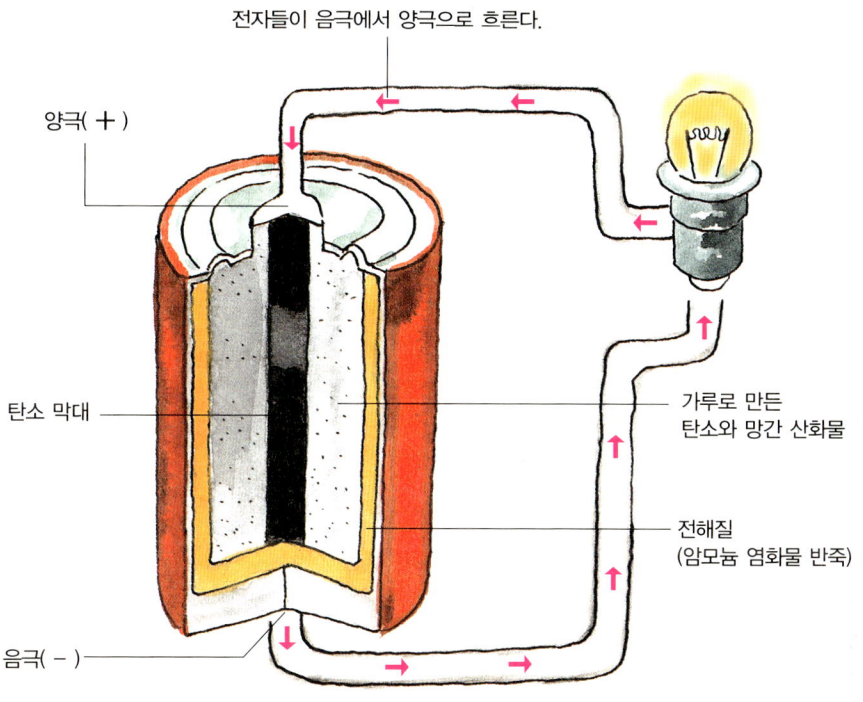

발전기를 만든 제본공
마이클 패러데이

　실험 과학자인 패러데이는 시민들에게 여러 가지 과학 실험을 직접 보여 주고 강연을 하기도 했습니다. 그는 시민과 학생들에게 과학에 관한 흥미를 돋우는 강연을 많이 한 것으로 유명합니다.
　하루는 패러데이가 전기와 자기 사이의 관계를 실험으로 보여 주고 있었습니다. 그때 한 부인이 물었습니다.
　"그런 실험이 무슨 쓸모가 있다는 거죠, 선생님?"
　패러데이는 빙그레 웃으며 이렇게 대답했습니다.
　"부인, 도대체 갓난아이가 무슨 쓸모가 있을까요? 그러나 갓난아이가 장차 무슨 일을 해낼지 아무도 모릅니다. 엄청난 가능성을 가지고 있기도 하고, 그렇지 않을 수도 있지요. 제가 하는 과학 실험도 그렇습니다."

패러데이의 말에 부인은 얼굴을 붉히며 사과하였습니다. 그때까지의 전기는 아직 갓난아이에 지나지 않았습니다. 그러나 그 후 120년 동안 전기는 참으로 엄청난 일을 하였습니다.

전기가 없는 캄캄한 어둠을 상상해 보세요. 패러데이가 발전기를 발명해 낼 수 있었던 것은 아주 사소한 것에서부터 의문을 갖고 연구하고 실험했기 때문임을 기억해야겠습니다.

이렇게 작은 것도 그냥 지나치지 않았던 패러데이가 실험으로 발견한 '전자기 유도 현상'은 전자기 법칙의 핵심 중 하나입니다. 당시에는 전자기 현상과 자기장 현상이 각기 다른 별개의 원리를 따르는 것으로 알려져 있었습니다.

그런데 패러데이는 전자기 현상과 자기장 현상이 사실은 서로 밀접하게 관련이 되어 전자기 법칙이라는 일반적이고 통일된 하나의 원리를 따른다는 것을 밝혀냈습니다. 패러데이는 이 발견으로 인류의 역사에 큰 공헌을 하였습니다.

그는 전기장 및 자기장과 같은 '장'의 개념을 도입하였으며, 초기의 발전기도 발명하였습니다.

패러데이는 전류가 자기장을 만들고 전류에 의해 자석이 힘을 받는 것으로부터 자기가 전기를 발생할 수 있어야만 한다고 생각했습니다. 그래서 연구를 거듭한 결과, 1831년 패러데이는 코일 근처로 자석을 움직였을 때 전류가 생기는 것을 발견하였습니다.

마이클 패러데이는 19세기 최대의 실험 물리학자로 '전자기학의 아버지'라 불리고 있습니다.

우리는 매일 발전기라고 하는 거대한 기계에서 만든 전기를 쓰고 있습니다. 캄캄한 밤을 밝혀 주는 전기가 없다고 생각해 보세요. 텔레비전도 볼 수 없고 컴퓨터도 작동시킬 수 없고, 아마 어둠 속에서 아무것도 할 수 없을 것입니다.

전기를 만들어 주는 발전기는 패러데이가 처음 발명하였습니다. 발전기는 운동을 전기로 바꾸어 줍니다. 도선이 자기장 속에서 움직이거나, 도선 가까이 있는 자기장이 움직이거나 강도가 변하면 도선에 전류가 흐릅니다. 이를 '전자기 유도의 원리'라고 합니다.

커다란 발전기는 발전소에서 주전원으로 공급되는 전기를 생산하는 데 이용됩니다. 우리는 이 전기를 집에서 편리하게 쓰고 있습니다. 증기나 떨어지는 물 또는 바람 등이 전기를 만드는 데 이용되는 운동 에너지입니다.

'다이너모'라고 하는 작은 발전기는 자전거에서 전등을 켜는 데 필요한 전기를 만드는 데 쓰입니다.

자전거 발전기는 자전거 뒷바퀴 타이어에 붙어 있는 작은 바퀴

를 가지고 있습니다. 자전거가 움직이면 바퀴가 돌고, 이 운동은 철심에 감은 코일 가까이 있는 영구 자석을 돌게 만듭니다. 이렇게 되면 코일에 감은 전선을 지나는 자기장에 변화가 생겨 코일에 전류가 흐르게 됩니다. 이러한 것을 '전자기 유도'라고 합니다.

이러한 원리를 이용하여 마이크도 만들 수 있었습니다.

마이크는 소리를 전기 신호로 바꾸는 장치입니다. 이동 코일 마이크에서는 음파가 판막을 때리면, 영구 자석의 두 극 사이에 있는 코일이 진동합니다. 이때 코일에 유도된 전압이 음파의 크기와 진동수에 따라 같이 변하게 되는 것입니다.

이처럼 패러데이의 전자기 유도 법칙은 현대 과학 기술의 막을 열게 하였을 뿐만 아니라 전기 분해의 법칙, 전자기장의 개념을 도입

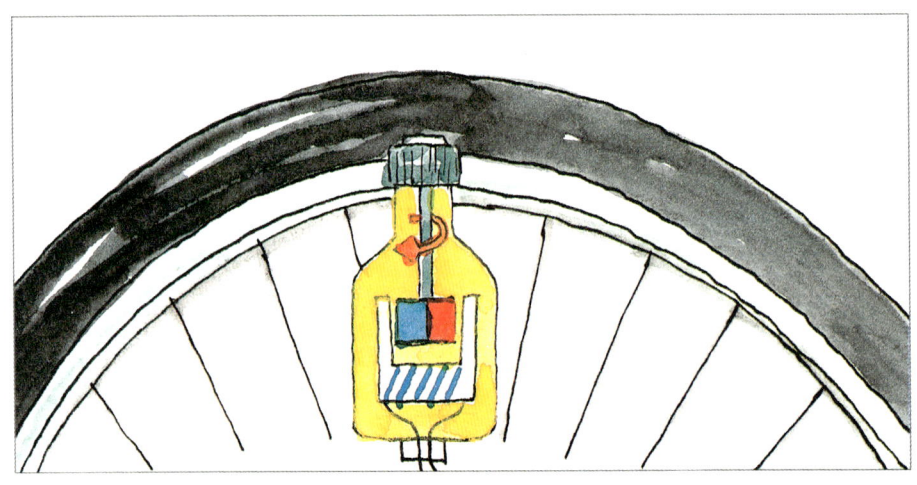

자전거 발전기

하여 전자기학의 이론을 정립하는 데 크게 공헌하였습니다. 패러데이의 발견이 과학 역사의 한 분수령이 된 것입니다.

왕립 연구소 실험실에서 연구하고 있는 패러데이

실험의 귀재 마이클 패러데이

마이클 패러데이
(Michael Faraday, 1791~1867, 영국)

패러데이는 1791년 영국 뉴잉튼에서 대장장이의 아들로 태어나 정식 교육이라고는 읽기와 쓰기, 산수 정도밖에 못 받았습니다. 14세 때부터 제본소의 공원으로 일하면서 독서를 즐겼는데, 그 당시 제본소에 맡겨진 백과 사전의 전기에 관한 부분을 우연히 읽게 되면서 과학자로서의 삶이 시작되었습니다.

스물한 살의 패러데이는 험프리 데이비 경의 강연에 감동받아 과학에 헌신하기로 결심하여, 데이비 경의 조수로 일하면서 실험 과학자가 되었습니다. 그러나 패러데이의 초기 연구는 별로 그 중요성을 인정받지 못했습니다.

패러데이가 만든 전자석

패러데이의 가장 큰 업적은 전자기 유도를 발견한 것입니다. 그는 물리학에서 다루는 여러 자연의 힘들이 밀접하게 연관되어 있다는 신념을 가지고 있었습니다. 전류가 자기장을 만들고 전류에 의해 자석이 힘을 받는 것으로부터 자기가 전기를 발생할 수 있어야만 한다고 믿었습니다. 실제로 1822년에 이미 그의 노트에는 '자기의 전기에로의 변환' 이라는 글이 적혀 있었습니다.

결국 그는 1831년에 코일 근처로 자석을 움직였을 때 전류가 생기는 것을 발견하였습니다. 또한 코일에 가해진 전류를 단속시켰을 때 인접한 다른 코일에 전류가 생기는 것을 보았습니다. 패러데이는 일반적으로 회로를 통한 자기장의 흐름다발이 변화할 때 회로에 전류가 흐른다는 것을 증명하였습니다.

이 발견으로부터 모든 현대식 발전소의 심장이라고 할 수 있는 발전기가 개발된 것입니다.

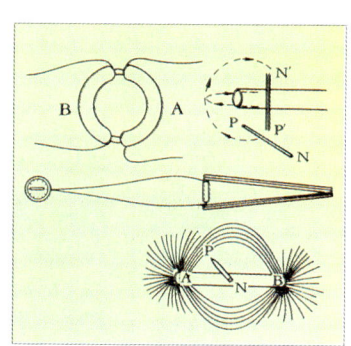

패러데이의 전자 유도 발견에 대한 기록

패러데이의 실험
자석을 코일 속에 넣을 때나 뺄 때 전기가 발생한다.

멘로파크의 마술사
토마스 앨버 에디슨

에디슨은 궁금한 것은 참지 못하고 누구에게나 묻는 버릇이 있었습니다. 귀찮아할 만큼 꼬치꼬치 캐묻고 참견을 했습니다.

"비는 어째서 와요?"

"바람은 어디서 불어오지요?"

"배는 어떻게 움직이나요?"

무엇이든지 알고 싶다는 생각이 어린 에디슨의 마음 속에서 일어나고 있었습니다.

"어머니, 닭은 왜 알 위에 앉아 있는 거죠?"

"알을 따뜻하게 해 주는 거야."

"왜 따뜻하게 해 주는 거죠?"

"병아리가 태어나도록 하기 위해서지."

그런 일이 있은 후 에디슨의 모습이 보이지 않았습니다. 어머니는 이리저리 찾아다녔습니다. 그런데 세상에! 에디슨은 닭장 안에 들어가서 달걀을 품에 안고 있었습니다. 따뜻하게 해 주어서 알을 까려고 했던 것입니다.
　이렇게 에디슨은 실험하거나 물건을 만들거나 모험하는 것을 무척 좋아했습니다.
　배가 오고 가는 강가에서 놀고 있다 가끔 물에 빠진 일도 있었고, 호박벌의 벌집을 쑤셔서 벌에게 쏘인 일도 있었습니다. 한번은 밀을 실어 올리는 엘리베이터 위에 서 있다가 밀 더미 속으로 떨어져 하마터면 목숨을 잃을 뻔한 일도 있었습니다. 뒷날 에디슨을 발명왕이 되게 한 싹은 이미 이때부터 힘차게 자라나고 있었던 것입니다.

이런 과정을 밟으며 성장한 에디슨은 뉴저지 주의 멘로파크라고 하는 작은 마을에 실험실을 새로 만들었습니다.

이곳에서 에디슨은 전구 연구를 시작했습니다. 많은 과학자들이 전기를 빛으로 바꾸는 문제를 연구하고 있었지만 별 진전이 없었습니다. 푸르스름한 빛을 내는 아크등이 1808년에 만들어지고 1831년에 패러데이가 발전기를 발명하였지만, 실생활에 보다 적합하고 편리하게 쓸 수 있는 전등이 필요했습니다.

1879년 섣달 그믐날 밤, 에디슨은 멘로파크에 전구를 켠다고 발표했습니다. 그러자 사람들은 그 광경을 보기 위해 기차나 마차를 타고 멘로파크로 몰려왔습니다. 멘로파크의 언덕으로 통하는 길 양쪽에는 수백 개의 전구가 켜져서 대낮같이 밝았습니다. 이것을 본 사람들이 놀라 외쳤습니다.

"믿을 수가 없어. 에디슨이 캄캄한 밤을 몰아 낸 거야."

"놀랍다! 발전기 하나로 수백 개의 전구를 켜다니. 전기를 작게 나누어 놨어. 대단해."

"에디슨은 마술사야. 전구의 마술사!"

이리하여 새해와 더불어 전구의 시대

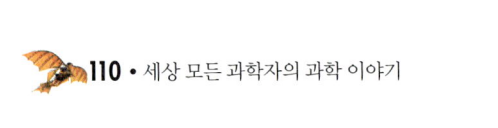

가 찾아오게 되었습니다. 사람들은 이 멘로파크를 '에디슨 마을'이라고 불렀습니다.

그동안 전구를 만드느라 고생한 일을 두고 에디슨은 뒷날 이렇게 말했습니다.

"전구를 발명할 때까지 나는 전구에 관한 이론을 3천 가지 이상이나 구상했다. 모두가 상당히 근거가 있고 그럴 듯해 보였으나, 막상 실험을 해 본 결과 실제로 증명이 된 것은 3천 가지 중에 3가지밖에

1879년 에디슨이 발명한 탄소 필라멘트 전구

없었다. 가장 곤란했던 것은 발광의 근본이 되는 탄소 필라멘트를 만들어 내는 일이었다."

'발명의 왕'이라고 불리는 에디슨의 재능은 오로지 피눈물 나는 노력의 결과였던 것입니다. 99%의 노력, 그것이 에디슨을 성공으로 이끈 것입니다.

멘로파크의 연구소에서 에디슨은 '말하는 기계'를 만들기 위해 연구했습니다.

"자, 다들 모이세요."

에디슨은 엷은 주석막을 원통에 두른 후, 핸들을 돌리면서 떨림판을 향하여 노래를 부르기 시작했습니다.

"메리는 새끼 양을 갖고 있네. 그 털은 희어서 눈과 같아. 메리가 가는 곳 어디까지나 새끼 양이 아장아장 따라오네."

그러고는 바늘을 원래대로 돌리고 다시 한 번 핸들을 돌렸습니다. 그러자 이상한 일이 벌어졌습니다. 기계의 떨림판에서 방금 에디슨이 부른 노래 소리가 또렷하게 들려오는 것이었습니다.

"와! 내 평생에 이렇게 놀란 적은 없어!"

연구소의 사람들은 기계 속에서 사람의 말소리가 흘러나오는 것을 듣고 매우 신기해했습니다. 에디슨이 말하는 기계를 발명했다는 소식이 각 신문사에 전해져 많은 기자들과 구경꾼들이 우르르 몰려왔습니다. 이것이 바로 '축음기' 입니다.

에디슨이 만든
트라이엄프 A형 축음기
(1901년)

99% 노력의 발명왕 에디슨

토마스 앨버 에디슨
(Thomas Alva Edison, 1847~1931, 미국)

 토마스 앨버 에디슨은 1847년 미국의 오하이오 주 밀란에서 태어났습니다. 에디슨이 태어났을 무렵의 미국은 모든 면에서 새로운 나라로 크게 발전하려고 하는 때였습니다. 증기선 외에 철도가 뻗어가기 시작했고 철도가 깔린 곳에는 모스가 발명한 전신기가 쓰였습니다. 이 무렵 미국은 뛰어난 발명가나 물건을 만드는 기술자가 많이 필요했습니다.

 에디슨은 발명을 향하여 불태운 끝없는 정열과 꿋꿋한 의지, 그리고 그가 이룩한 수많은 업적으로 가득 차 있는 모험의 삶을 살았습니다. 이것은 에디슨의 뛰어난 능력에 의한 것이지만, 동시에 가장 발명이 왕성한 미국에서 태어나고 기술의 발달이 눈부셨던 시기인 19세기 후반에 활동할 수 있었던 덕분입니다.

 축음기, 전구 등을 발명한 에디슨에게 어떤 사람이 물었습니다.

에디슨이 발명한 축음기 제1호

"당신의 발명이 성공한 이유가 무엇입니까?"

"그것은 99%의 노력과 1%의 영감입니다."

이것은 너무나 유명한 말입니다. 이 말에서도 알 수 있듯이 에디슨의 발명은 무엇보다도 먼저 땀 흘려 일했던 덕분입니다. 큰 희망을 실현하기 위해 노력하려는 의지와 인내심이 성공의 열쇠였던 것입니다.

에디슨은 전구, 축음기, 영화 등 3천 가지에 달하는 수많은 발명을 하였습니다. 전구의 필라멘트를 만들어 낸 에디슨의 능력을 볼 때, 그것은 분명히 천재라는 표현 외에 적당한 말을 찾을 수 없을 것입니다. 그러나 에디슨은 자신의 발명이 성공한 이유를 이렇게 말했습니다.

"상상력과 큰 희망과 일하고 싶다는 의지가 조화를 이룬 덕분이지요."

에디슨의 이 말은 평범한 사람도 훌륭한 발명가가 될 수 있다는 것을 알려 줍니다. 생활 속의 작은 일들에 관심을 가지고, '왜 그럴까?'라는 의문을 품는 사람은 누구나 에디슨과 같은 발명왕이 될 수 있답니다.

에디슨 연구소 지금은 에디슨 박물관이다.

X선은 모든 사람들의 것

빌헬름 콘라트 뢴트겐

　1895년, 독일의 과학자 뢴트겐은 'X선'이라는 새로운 종류의 광선을 발견하였습니다. 이 사실이 신문으로 발표되자 시민들은 깜짝 놀랐습니다.
　"옷을 뚫고 알몸을 찍는 사진기를 만들었대."
　"뭐 이런 과학자가 다 있어. 남의 알몸을 찍다니, 그렇게 할 일이 없나."
　시민들은 신문 보도를 보고는 뢴트겐을 비난하였습니다. 신문에 실린 기사를 잘못 이해했기 때문입니다. 그러나 다른 과학자와 의사들은 이 광선이 인류에게 엄청난 혜택을 가져다줄 것이라 생각했습니다. 의사들은 뢴트겐을 초청하여 X선에 대해 강연을 들었습니다. 그리고는 외과 수술에 X선을 이용하기 시작했습니다.

1896년 베를린의 어느 의사는 X선을 이용해 손가락에 꽂힌 유리 파편을 찾아낼 수 있었습니다. 그리고 리버풀의 한 의사는 X선으로 소년의 머리에 박힌 탄환을 확인할 수 있었으며, 맨체스터의 한 교수는 총 맞은 여자의 머리에 X선을 투과시켜 사진으로 촬영하기도 하였습니다.

　몇 년 후 톰슨이라는 의사는 외과에서의 X선의 중요성을 강조하였습니다.

　"뢴트겐의 X선은 인류의 고통을 해소하는 데 크게 공헌하였다."

　이후 의사들은 X선을 다른 면에도 이용하게 되었는데, 암세포를 죽이거나 무좀과 같은 병을 치료하는 데 사용했습니다. 또 공업에서도 X선을 이용하였는데, 합금을 만들 때 철의 조직에 들어 있는 틈이나 구멍을 X선을 써서 찾아 냈습니다.

　이렇듯 다양한 용도로 사용되는 X선은 우연히 발견되었습니다.

　어느 날 뢴트겐은 빛과 전파

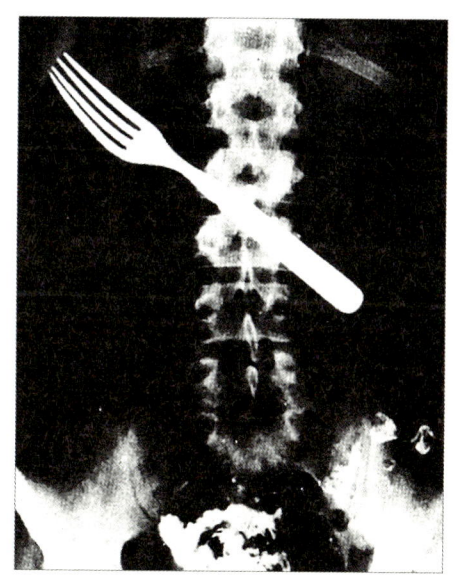

포크를 삼킨 사람의 위 X선 사진

를 연구하는 실험을 계속하기 위해 실험실 스위치를 켰습니다. 그때 실험실 안은 캄캄했는데도 몇 미터 떨어진 책상 위에 있는 형광 스크린 하나가 밝게 빛나고 있는 것이 보였습니다. 그는 이 현상을 이상하게 생각했습니다.

"크룩스관은 검은 종이로 싸여 있어서 음극선이 새어 나갈 리가 없는데…… 이상하네."

이때 실험대 위에 놓아 둔 결정체가 반딧불이처럼 파르스름한 빛을 내고 있는 것을 발견했습니다. 어떤 선이 관으로부터 스크린 쪽으로 전진해 나가는 것이 포착된 것입니다.

"음극선은 유리관을 뚫을 수 없는데. 이 결정체가 빛을 발하게 하는 건가……. 그렇다면 이건 완전히 새로운 물체야."

여기서 뢴트겐은 간단한 아이디어가 떠올랐습니다. 보통 광선은 사진 건판에 작용하므로 아마 이 특이한 선도 건판에 감광될 것이라고 생각한 것입니다. 이것을 확인하기 위해 그는 이 선이 통과하는 길에 사진 건판을 놓고 아내를 설득시켜 손을 관과 건판 사이에 놓도록 했습니다. 코일의 스위치를 켜고 건판을 현상해 보니 뼈가 똑똑히 나타났습니다. 뼈 둘레의 근육은 희미하게 그려져 있었습니다.

"산 사람의 뼈가 사진에 찍히다니……. 이건 대발견이야!"

뢴트겐은 흥분하여 소리쳤습니다. 이 빛은 근육이나 책, 판자 등을 쉽게 뚫을 수 있었습니다. 그러나 뼈에 부딪히면 진로가 약간 차단되어 그림자가 생겼습니다. 납처럼 무거운 금속은 뚫고 나갈 수 없으며, 사진 건판에 감광된다는 사실도 알게 되었습니다.

그런데 음극선은 전기를 띤 입자라서 자석을 가까이 가져가면 달라붙으려고 방향을 바꿀 텐데, 이 수수께끼의 광선은 자석의 영향을 전혀 받지 않았습니다. 그러니까 빛에 가까운 성질의 물체이긴 하지만 눈에 보이지는 않고, 또한 물체를 잘 뚫고 나가는 점으로 봐선 보통의 빛과는 다르다는 것은 틀림없었습니다.

뢴트겐은 그 정체를 밝혀 내지 못한 채 미지수를 나타내는 수학 기호인 'X'를 붙여 이 광선의 이름을 엑

최초의 X선 사진 1896년 뢴트겐은 X선으로 아내의 손을 찍는 데 성공했다.

스선이라고 했답니다. '알 수 없다'는 뜻에서 'X선'이라는 이름을 붙인 것입니다.

이 연구로 그는 1901년 제1회 노벨 물리학상을 받았습니다. 그러나 뢴트겐은 조금도 자랑스런 표정을 보이지 않고 겸손한 태도로 수상 기념 강연을 사양하였습니다. 그리고 5만 크로네나 되는 막대한 상금도 모두 대학에 연구 자금으로 기부하였습니다.

20세기 과학에 대한 시대 구분을 할 때 대부분의 학자들은 1895년을 그 기점으로 잡고 있습니다. 1895년은 뢴트겐이 X선이라는 새로운 종류의 광선을 발견한 해입니다.

뢴트겐의 이 새로운 광선의 발견에 자극되어 그 이듬해 프랑스의 베크렐은 우라늄에서 최초로 방사선을 발견했습니다. 그리고 1897년에는 영국의 J. J. 톰슨이 음극선의 전하량과 질량의 비를 측정하는 데 성공했습니다. 1899년에는 음극선의 입자성이 강력하게 부각되어 톰슨에 의한 음극선의 입자성 발견은 20세기에 들어와서 그 유명한 아인슈타인의 '상대성 이론'이 출현하게 되는 계기를 마련

해 주었습니다.

X선의 본성에 대한 논쟁은 빛에 대한 새로운 인식이 나타나게 해 주었습니다. 빛에 대한 이중성 개념은 물질파 개념과 함께 양자 역학이 성립하는 데 커다란 역할을 한 것입니다. 또한 방사선의 발견은 핵변환의 발견으로 이어졌고 급기야 핵분열이 발견되어 인류는 핵에너지 시대에 들어서게 되었습니다.

결국 20세기 과학의 발전은 X선의 발견을 시작으로 해서 이루어진 것입니다.

'X선' 발명의 주인공 뢴트겐

빌헬름 콘라트 뢴트겐
(Wilhelm Konrad Röntgen, 1845~1923, 독일)

요즘 X선 사진은 너무 흔해서 모르는 사람이 없을 정도입니다. 폐결핵 환자뿐 아니라 야구를 하다가 손목이 부러진 듯한 때도 병원에 가서 X선 사진을 찍습니다. X선 사진으로 뼈의 구조와 현재 상태를 분명히 알 수 있기 때문입니다.

X선은 실이나 두꺼운 종이까지도 투사하지만 뼈나 금속은 통과하지 못하는 성질을 가지고 있습니다. 그래서 뼈가 부러졌는지 또는 관절이 튀어나왔는지, 금이 가지는 않았는지, 폐에 이상이 없는지 등을 알 수 있습니다.

이러한 X선을 발견한 뢴트겐은 어떤 사람일까요?

빌헬름 콘라트 뢴트겐은 독일의 라인란트 지방에 있는 레넵이라는 마을에서 태어났습니다. 아버지는 방직 공장을 경영하는 한편 직물 도매상도 겸하고 있어서 생활은 매우 부유했습니다.

뢴트겐의 업적 중 하나는 뢴트겐 전류의 발견입니다. 에보나이트나 유리관 같은 절연체는 전류가 통하지 않지만 여기에 외부로부터 정전기장을 작용시키면 정전 유도를 일으킵니다. 이 물체의 양 끝에 양극과 음극의 정전기가 일어나는 것입니다. 이것이 뢴트겐 전류입니다. 그는 유리관 또는 에보나이트의 원판을 축전기의 양극 사이에서 회전시켜 이 전류를 발견한 것입니다. 이것은 매우 귀중한 발견이었습니다.

그러나 뢴트겐의 이름을 역사상으로 영원히 빛나게 해 준 것은 바로 '뢴트겐 선'의 발견입니다.

이 무렵 학자들 사이에 음극선의 연구가 한창 활발하게 이루어졌습니다. 유리관 속에 양극과 음극을 통할 수 있게 하고 전압을 가한 다음, 유리관 속의 공기를 빼내어 진공 상태로 만듭니다. 그러면 음극으로부터 양극을 향해 전기가 흐르게 되고 이 전자는 유리벽에 부딪혀서 파르스름한 빛을 냅니다. 이 방사선을 음극선이라고 하는데 이에 대한 연구가 한창이었습니다.

뢴트겐도 이 연구에 심혈을 기울여 마침내 'X선'을 발견한 것입니다.

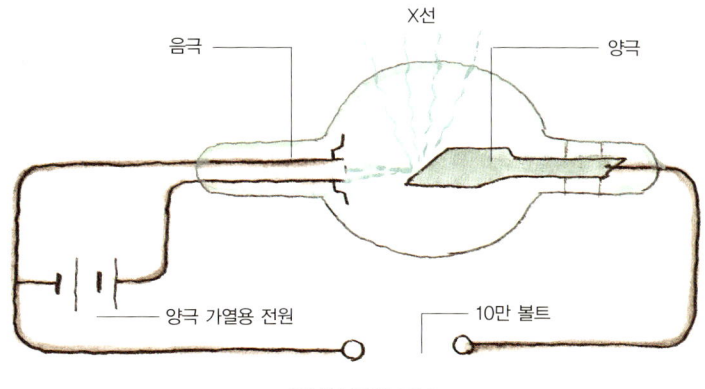

X선의 발생 구조

진화는 불쾌한 진실이다
찰스 다윈

"세상에, 인간이 원숭이에서 진화했다니!"
"끔찍한 괴물 같은 이론이야! 점잖은 학자가 드디어 미쳤군!"
"정말 다윈은 역겨워요! 그는 진실을 모독하고 있어요."
"역사상 이처럼 불쾌한 이론은 없었어요. 다윈을 혼내 줍시다."

1859년 겨울이 시작될 무렵, 온 유럽인들은 분노와 혼란에 빠졌습니다. 그것은 바로 〈종의 기원〉이라는 책 때문이었습니다. 영국의 과학자 다윈이 쓴 〈종의 기원〉은 사람들에게 커다란 충격을 주었습니다.

다윈은 이 책에서 '인간은 신의 창조물이 아니라 진화의 산물'이라고 주장했습니다.

다윈의 주장은 성경 말씀을 믿고 따르던 많은 사람들의 분노를 불러일으켰습니다. 그러나 한편에서는 다윈의 진화론에 찬성하는 과학자들도 많이 있었습니다. 유명한 동물학자이자 지질학자인 헉슬리는 〈종의 기원〉을 읽고 감탄하였습니다.

"아! 왜 내가 그것을 생각하지 못했던가!"

그러자 웅변술이 뛰어난 윌버포스라는 성직자는 공공연하게 헉슬리를 비웃었습니다.

"헉슬리 씨, 만일 동물원의 유인원이 당신의 조상이라면 불쾌하지 않습니까? 그리고 당신이 원숭이의 후손이라면 그 조상은 할아버지 쪽입니까? 아니면 할머니 쪽입니까?"

윌버포스의 이 말에 사람들은 박장대소하며 웃었습니다.

그러나 헉슬리는 얼굴색 하나 변하지 않고 말했습니다.

"나는 우리가 원숭이의 후손이라 해도 하나도 수치스럽지 않습니다. 그리고 제 생각인데…… 진리를 곡해하는 데 머리를 쓸 줄 아는 인간보다는 원숭이 쪽과 관계하는 편이 더 낫습니다."

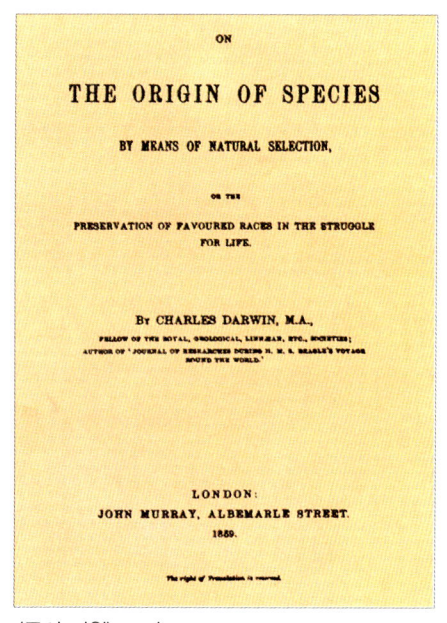

〈종의 기원〉 표지

"이런 버릇없는 다윈의 불독 같으니!"

윌버포스는 얼굴이 빨개져서 화를 내며 진화론자들을 마구 비난했습니다.

이런 논쟁이 사회 곳곳에서 불붙기 시작하자 재미를 보게 된 사람들은 바로 만화가였습니다. 당시에는 사진기가 없었던 때였기에 만화가들은 다윈을 원숭이처럼 그려서 다윈의 진화론을 비꼬았습니다.

이 그림은 다윈을 가장 난처하게 만든 그림 중의 하나입니다. 하지만 이 그림처럼 다윈의 이론을 쉽게 표현한 것도 드물었답니다.

많은 비난 속에서도 다윈이 쓴 〈종의 기원〉은 나온 지 하루 만에

다윈의 진화론을 풍자한 당시의 만화

모두 팔렸습니다. 또한 나온 지 하루 만에 전 세계에 엄청난 파문을 일으켰습니다. 도대체 〈종의 기원〉 안에 어떤 이야기들이 쓰여져 있기에 그랬을까요?

〈종의 기원〉은 생명체의 기원과 변화에 관한 것입니다. '종'이란 생명체의 종자로 비슷한 모양의 생물 집단을 말합니다.

다윈은 "자연은 끊임없이 변한다."고 설명했습니다. 또한 생물들도 오랜 세월을 거치면서 변한다고 주장했습니다. 다윈은 이것을 '진화'라고 했습니다.

한번 토끼를 예로 들어 볼까요?

토끼 한 마리는 한 해에 50마리의 새끼를 낳을 수 있습니다. 그럼 아기 토끼들은 모두 아무 일 없이 훌륭히 자라 천천히 점잖게 늙어 죽어 갈까요? 아닙니다. 많은 토끼들은 살아 남기 위해 맹렬히 노력해야 합니다. 항상 주변에는 호랑이나 여우가 으르렁거리고, 싱싱한 먹이가 없으면 쫄쫄 굶어 죽을 수밖에 없는 상황이며, 게다가 풀이 적거나 물이 없으면 토끼들은 서로 경쟁할 수밖에 없습니다.

"비켜, 이 당근은 내 거야. 아삭아삭!"

"앗, 귀를 세워 봐. 호랑이 발자국 소리가 들렸어. 도망가자!"

토끼들 세계에서는 좀 더 빠른 토끼, 귀가 크고 예민한 토끼가 살아 남을 수 있습니다. 이런 토끼들은 살아 남아서 많은 새끼들을 낳는데, 새끼들도 부모를

닮아 귀가 커지게 됩니다.

그러므로 동물들의 몸은 조금씩 변화되어 갑니다. 살아남기에 좋은 방향으로 말입니다.

이것을 다윈은 '자연 선택설' 이라고 불렀습니다. 토끼에서와 마찬가지로 기린의 경우를 살펴보겠습니다. 기린이 왜 목이 길어졌는지를 다윈은 자연 선택설로 설명했습니다.

● 기린을 예로 한 라마르크와 다윈의 진화 학설 비교

1. 라마르크의 학설

조상은 목이 짧았지만 나뭇잎을 따먹기 위해 자주 목을 뻗게 되었다.

그 자손은 약간 긴 목을 가지게 되었지만 역시 자주 목을 뻗게 되었다.

목을 뻗는 일을 계속하는 동안에 기린의 목은 길어져 현재와 같이 되었다.

목이 긴 기린과 목이 짧은 기린이 함께 살고 있었습니다. 숲에 가뭄이 들자 목이 긴 기린은 높은 나뭇가지에 달린 잎도 뜯어 먹을 수 있었지만 목이 짧은 기린은 낮은 나뭇가지의 잎만 뜯어 먹다가 더 이상 먹이를 찾지 못해 굶게 되었습니다.

그래서 목이 긴 기린은 살아 남을 수 있었지만 목이 짧은 기린은 점차 사라지게 되었습니다. 이와 같은 이

2. 다윈의 학설

조상은 목이 긴 기린과 짧은 기린 등 여러 가지 변이가 있었다.

경쟁과 자연 선택에 의하여 목이 짧은 기린은 죽게 되고, 목이 긴 기린이 많이 살아남았다.

이와 같이 돌연변이로 목이 길어진 기린이 경쟁에 이겨 살아 남게 되었다.

유로 기린은 목이 길어지게 된 것입니다.

이런 진화 과정은 여러 대에 걸쳐 천천히 진행되었습니다. 다윈은 식물들도 진화한다는 것을 알아냈습니다. 튼튼한 식물들이 꿋꿋이 버티며 좀 더 건강하고 새로운 종자로 변한다는 사실을 말입니다.

다윈은 그 결과 여태껏 있었던 종이 사라지기도 하지만, 새로운 종류의 생물체가 생겨나기도 한다고 설명했습니다. 다윈은 인간 역시 원시 종에서 진화해 왔다고 〈인간의 유래〉라는 책에서 설명했습니다.

"수백만 년 전에는 원숭이도 인간도 아닌 한 종이 있었습니다. 이 종의 후손들은 서로 다른 방향으로 천천히 진화했습니다. 원숭이들

다윈이 쓰던 물건들

다윈이 연구에 사용했던 현미경

의 경우 이런 진화는 고릴라와 침팬지로 이어졌습니다. 인간의 경우는 원숭이와 닮았지만 전혀 다른 종으로 진화했지요."

다윈은 지구가 처음 생성되었을 때 존재한 동식물 중에 현재까지 남아 있는 것은 극히 드물다는 것을 알아 냈습니다. 그는 현재 있는 동식물들이 최초의 모습에서 많이 진화한 것이라고 설명했습니다. 다윈의 말에 따르면, 인간도 이런 자연 법칙에서 예외가 아닙니다.

아내의 피아노 연주를 감상하고 있는 다윈

20세기 생물학의 혁명가 찰스 다윈

찰스 다윈
(Charles Robert Darwin, 1809~1882, 영국)

다윈은 영국의 생물학자로, 1809년 의사 로버트 다윈의 아들로 태어났습니다. 1825년 에든버러 대학에 입학하여 의학을 공부했으나 성격이 맞지 않아 중퇴하였습니다.

"다윈, 세계를 항해하는 것이 어떤가?"

다윈은 대학을 졸업한 지 얼마 지나지 않아 이런 제의를 받았습니다. 다윈은 이 제의를 받고 마음이 솔깃했습니다. 원래 다윈은 의학을 공부했지만 피를 뚝뚝 흘리며 살을 자르고 꿰매는 해부학을 보고는 정나미가 떨어져 의학을 그만두었기 때문입니다. 그러자 의사인 다윈의 아버지는 다윈에게 슬그머니 말했습니다.

"아들아, 마취도 없이 수술을 하는 의학은 잔인한 학문이야! 의학을 그만둔 것은 정말 잘한 일이다. 이제 목사가 되는 공부를 하렴."

다윈은 아버지의 충고를 듣고 대학에서 다시 신학을 공부했습니다. 하지만 다윈의 마음을 사로잡는 것은 하나님의 말씀이 아니라 작은 곤충과 식물들뿐이었습니다. 다윈은 대학을 졸업한 후, 앞으로 무엇을 할까 고민했습니다. 이런 때에 세계 항해라는 제안을 듣자 다윈은 신이 났습니다.

"좋았어. 비글 호를 타고 전 세계를 누비자!"

다윈은 아버지의 반대를 뿌리치고 박물학자로서 비글 호에 올랐습니다. 1831년으로 다윈의 나이 스물두 살 때였습니다. 다윈은 세계 항해를 하면서 동식물 채집 상자를 고향으로 보냈습니다. 그리고 5년 후 고향으로 돌아왔을 때 다윈은 이미 실력 있는 연구자로 유명해져 있었습니다.

다윈은 계속해서 연구에 몰두했습니다. 그리하여 다윈의 나이 쉰 살에 〈종의 기원〉이라는 책을 출간한 것입니다. 이 책으로 다윈은 거의 모든 기독교 신자들의 공격을 받았지만, 동시에 역사상 가장 널리 알려진 과학자가 되었습니다.

다윈의 진화론은 생물학에 혁명을 일으켰습니다. 다윈은 우리 몸과 자연 그리고 우주의 관계에 대한 지식을 완전히 뒤바꿔 놓았습니다. 유전학과 미생물학은 진화론과 함께 찰스 다윈이 남긴 20세기의 유산이랍니다.

일곱 살 무렵의 다윈과 동생 캐서린

고맙다, 완두콩아!
그레고어 멘델

"신부님은 농부 같아요."

멘델이 늘 수도원 뒤뜰에서 밭을 일구고 농사를 짓자 사람들은 멘델을 농사꾼 신부라고 불렀습니다.

"하하, 그래요. 나는 농사짓는 신부요."

멘델은 늘 밭에서 완두콩을 재배하며 부지런히 노트에 무엇인가를 적었습니다.

"신부님, 이 완두콩은 무엇에 쓰실 겁니까?"

"내가 조사하려는 것은 완두콩의 성질이 자손에게 어떻게 전해지는가 하는 것이란다."

"완두콩의 자손이라고요?"

"완두콩에서 싹이 나오고 꽃이 피었을 때 수술의 꽃가루를 암술

머리에 묻혀 주지. 그러면 새로운 씨가 생겨."

"그런 일을 하면 무엇을 알게 되는데요?"

"완두콩의 성질이 어떤 형태로 유전되는지를 알 수 있단다."

"유전이라고요?"

사람들은 유전을 연구한다는 멘델을 이상한 신부라고 여겼습니다. 괴짜 신부님으로 유명했던 멘델은 7년 동안 완두콩을 재배하면서 연구하였습니다.

멘델은 매일 아침 밭에 나가 핀셋을 사용하여 꽃가루를 암술머리에 옮겨 주고, 그것에 주머니를 씌워 다른 꽃가루가 묻지 않도록 해 주었습니다.

"벌레나 바람이 꽃가루를 날라 와서 이상한 잡종이 생기면 안 되니까 이렇게 막아 둬야지."

이렇게 해서 생겨난 씨앗을 다시 뿌려 길러 보니, 그 자식(잡종 제1세대)은 모두 키가 큰 것만 나타났습니다. 그래서 양친이 제각기 지니고 있는 한 쌍의 성질 속에 잡종 제1대에 나타나는 것과 나타나지 않는 것이 있음을 알게 되었습니다.

"표면에 나타나는 성질을 '우성', 나타나지 않는 성질을 '열성'이라고 불러야겠다."

이렇게 멘델은 여러 해 동안 실험을 계속하였습니다. 그리고 그것을 토대로 해서 수학적인 이론을 만들었습니다. 이듬해 1865년 멘

델은 브르노 자연 연구회에서 그 결과를 발표하였습니다. 그러나 아무도 이것을 인정해 주지 않았습니다. 멘델의 이 연구 성과는 그가 죽은 뒤인 1900년에야 인정을 받게 됩니다.

멘델은 농부의 아들로 태어나 어릴 때부터 원예 일을 도와 자연과 친숙하였습니다. 신부가 된 멘델은 수도원 뒤뜰에 완두를 심어 유전에 관한 연구를 7년 동안 하였습니다. 여러 식물들 중에 완두는 자연 상태에서 순수한 성질을 유지하기 쉽고 꽃의 구조상 자가 수분(한 그루의 꽃 안에서 꽃가루가 암술머리에 붙어 수정을 이루는 현상)이 가능하기 때문입니다.

완두 콩과의 한해·두해살이 덩굴풀

멘델은 연구 결과를 〈식물의 잡종에 관한 실험〉이라는 제목으로 발표하였습니다. 그러나 이 연구 결과를 이해하는 사람이 없어 빛을 보지 못하다가 멘델이 죽은 후 16년이나 지나서야 그 가치를 인정받게 됩니다.

멘델의 연구는 유전과 진화의 문제에서 획기적인 발견을 함으로써 유전학을 창시한 셈입니다. 염색체의 개념이 없던 시대에 이미 염색체를 통한 유전의 양식을 예언한 큰 발견이었습니다. 오늘날의 '복제 양'의 출현은 멘델의 연구 덕분입니다.

부모가 가진 특징이 아들딸에게 전해지는 것이 바로 유전입니다.

어떤 생물이든 자신이 가지고 있는 특징을 아무렇게나 자손에게 전하는 것이 아니라 일정한 법칙을 가지고 전달한다는 것이 '유전의 법칙'입니다.

멘델의 유전의 법칙에는 세 가지가 있습니다. 첫째는 '우열의 법칙', 둘째는 '분리의 법칙', 셋째는 '독립의 법칙'입니다.

우열의 법칙

멘델은 둥근 황색 완두와 주름진 녹색 완두를 교배해서 씨를 맺게 했습니다. 그리고 그 씨를 길러 자가 수분을 한 뒤 열리는 완두를 관찰했습니다. 그랬더니 모두 둥근 황색의 완두만 있었습니다. 이것은 둥근 황색의 성질이 주름진 녹색의 성질보다 강하기 때문입니다.

이렇게 잡종 제1세대에서 부모의 성질 중 어느 한 쪽의 성질만 나타나는 것을 '우열의 법칙'이라고 합니다. 이때 서로 대립하는 성질을 '대립 형질'이라 하고, 겉으로 드러나는 강한 성질의 완두(황색과 둥근 성질의 완두)를 '우성'이라고 합니다. 나타나지 않은 약한 성질의 완두(주름진 녹색 완두)를 '열성'이라고 합니다.

유전의 법칙

〈우열의 법칙〉

〈분리의 법칙〉

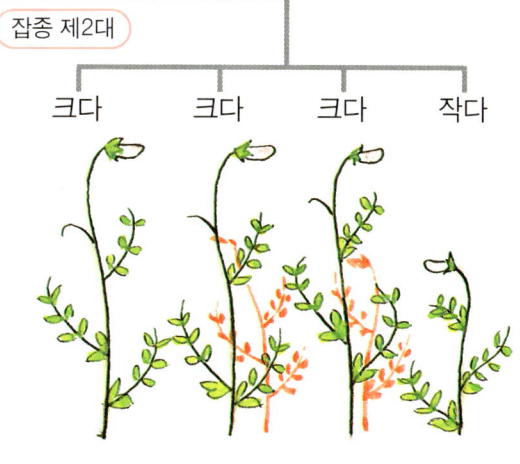

겉보기는 3 : 1이지만 실은 1 : 2 : 1로 나뉜다.

〈독립의 법칙〉

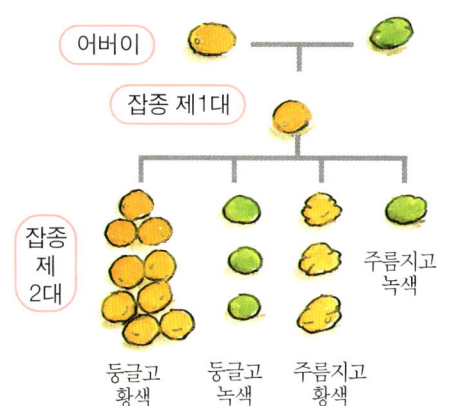

잡종 제2대에는 둥근 씨와 주름진 씨는 3 : 1, 노랑 씨와 녹색 씨도 3 : 1로 나뉜다.

◆ 분꽃의 꽃색 유전

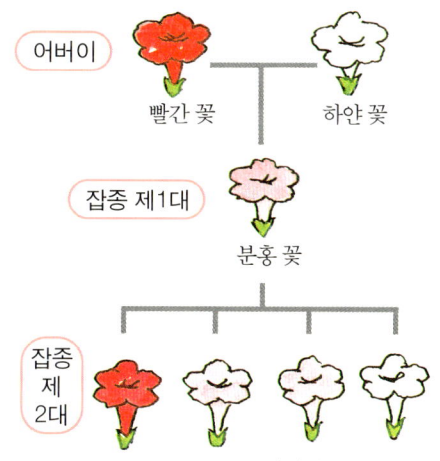

1 : 2 : 1로 나뉜다.

분리의 법칙

우열의 법칙을 확인하게 해 주었던 1세대의 둥근 황색 완두를 길러 자가 수분을 시켰습니다. 그랬더니 이번에는 둥근 황색 완두와 주름진 녹색 완두가 모두 나타났습니다. 그런데 모양으로만 보면, 둥근 완두가 3개일 때 주름진 완두가 1개의 비율로 나타났습니다.

이렇게 한 세대를 건너 다음 세대(잡종 제2세대)에는 우성과 열성이 모두 나타나는데, 우열의 비가 3 : 1로 일정하게 나타난다는 것이 '분리의 법칙' 입니다.

유전 법칙을 연구하기 위해 멘델이 완두를 심었던 브륀 수도원 뒤뜰

독립의 법칙

　잡종 제2세대에 나타난 완두의 색과 모양을 보면 둥글고 황색, 둥글고 녹색, 주름지고 황색, 주름지고 녹색인 완두가 9 : 3 : 3 : 1의 비율로 나타났습니다. 모양으로만 보면 둥근 것과 주름진 것이 3 : 1이고, 색깔로만 보면 황색과 녹색이 3 : 1의 비율로 나타난 것입니다. 이렇게 하나의 성질(모양)이 다른 성질(색깔)에 관계 없이 독립적으로 분리의 법칙에 따라 유전되는 것을 '독립의 법칙'이라고 합니다.

유전학의 아버지 멘델

그레고어 요한 멘델 (Gregor Johann Mendel, 1822~1884, 오스트리아)

유전학의 시조로 불리는 오스트리아의 식물학자 멘델은 가난한 농부의 아들로 태어났습니다. 그는 집이 너무나 가난해서 가정 교사로 일하며 독학으로 고등학교를 마쳤습니다. 대학 교육을 받을 형편이 못 되었던 그는 스물한 살에 수도원에 들어갔습니다. 그래서 우선 먹고 사는 일은 해결이 되었답니다.

몇 년 후 멘델은 신부가 되었습니다. 그래서 교회의 도움을 받아 비엔나 대학에 들어갈 수 있었습니다. 멘델은 비엔나 대학에서 물리학, 화학, 생물학, 수학 등을 청강(정식으로 입학하지 않은 사람이 강의를 듣는 것)했습니다.

멘델은 교회의 부속 중학교에서 과학을 가르치게 되었습니다. 과학을 가르치는 한편 계속해서 실험을 하였습니다. 그의 실험실은 교회의 뒤뜰이었습니다. 멘델은 완두콩을 여러 가지 특성으로 구별하고 순수한 품종을 길러 내기도 하였습니다.

그 무렵 멘델은 다윈이 쓴 〈종의 기원〉을 읽게 되었습니다.

"내가 하고 있는 유전에 대한 연구가 생물 진화의 수수께끼를 푸는 중요한 열쇠가 된다."

멘델은 이러한 확신을 갖게 되었습니다.

서로 다른 성질의 식물을 꽃가루받이 시켜서 잡종을 만드는 실험은 독일의 켈로이타라는 사람이 처음 성공했는데, 멘델이 연구를 시작할 무렵까지는 양친의 성질이 잡종에 어떻게 이어지며 또 그것이 잡종의 자손에 어떻게 나타나는가에 대해서는 확실히 알려지지 않았습니다.

그래서 멘델은 순종 완두콩을 가지고 그 모양, 빛깔의 특징과 줄기의 길고 짧음을 구별하여 일곱 가지 성질을 선택해서 그것이 잡종에 어떻게 나타나는가를 관찰했습니다.

멘델이 죽은 지 16년이 지난 뒤, 독일의 코렌스, 네덜란드의 후고 드 프리이스, 오스트리아의 에리히 체르마크 등의 세 학자가 멘델과 거의 같은 실험을 되풀이해서 멘델의 유전 법칙을 재발견했습니다. 그리하여 멘델은 '유전학의 아버지'로 영광스러운 명예를 얻게 되었습니다.

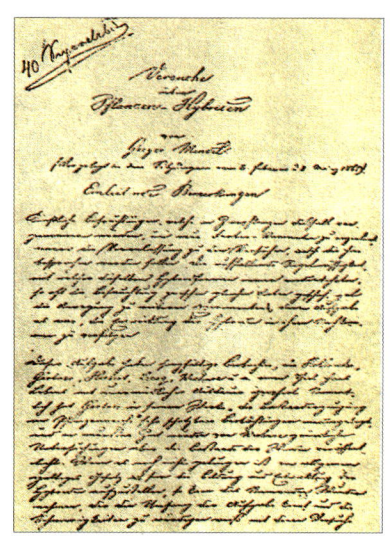

멘델의 연구 논문

산소는 더 이상 쪼갤 수 없다!
앙트완 라부아지에

"죽여라! 악덕 세금 징수인은 다 벌을 받아야 한다."
"라부아지에를 사형시켜라."

1794년에 프랑스 혁명 재판소는 많은 사람들의 함성으로 시끌벅적했습니다. 이 날은 세금 징수인들이 끌려나와 재판을 받고 있었습니다.

세금 징수인이란 나라에 내는 세금을 거두어들이는 사람입니다. 프랑스에서는 왕이 다스리던 먼 옛날부터 세금 징수인을 따로 두어 이들이 사람들로부터 세금을 거두어들이고 또 나라에 세금을 내는 일을 하고 있었습니다. 그런데 이들은 해마다 나라에 일정액의 세금을 내고 남는 세금은 자신들의 재산으로 가졌습니다. 그러다 보니 이들은 대부분 큰 부자가 되었고, 사람들로부터 더 많은 세금을 거두어들였기 때문에 사람들의 원한을 사고 있었습니다.

 라부아지에는 그 중에서도 가장 악명이 높은 세금 징수인의 사위여서 한때 세금 징수인으로 일한 적이 있었습니다. 그로 인해 존경받던 과학자인 라부아지에도 이 재판장에 끌려나와 있었답니다.

 "가난한 사람들의 마지막 한 푼까지 빼앗아 간 악인들이다. 죽여 마땅하다!"

 "혁명의 걸림돌인 세금 징수인들을 단두대로 보내자!"

 세금 징수인들을 죽이라고 고함을 지르는 사람들 틈에서 라부아지에는 부들부들 떨며 서 있었습니다. 증인들이 하나 둘 나와 이들의 죄를 낱낱이 고했습니다.

"우리 어머니가 병을 앓고 있었는데 저들은 어머니 약값에 쓰려고 남겨 둔 돈마저 세금으로 빼앗아 갔습니다. 저들을 용서해서는 안 됩니다."

"저들은 왕과 귀족들에게 세금으로 거두고 남는 돈을 몰래 뇌물로 갖다 바쳤어요. 또 소금을 비싼 값에 팔아 그 이익을 챙기는 등 그들의 악한 행동은 말로 다 할 수 없습니다."

"옳소! 맞는 말이오. 어서 판결을 내리시오!"

많은 사람들이 나와 세금 징수인들의 죄를 증언하였습니다.

그러나 누구 한 사람 이들을 살려 주자는 사람이 없었습니다. 재판장의 분위기가 하도 험악하여 이들을 목숨만이라도 살려 주자고 했다가는 똑같이 나쁜 사람으로 몰려 봉변을 당할 것 같은 분위기였습니다.

결국 라부아지에를 비롯한 세금 징수인 모두가 사형을 선고받았습니다.

"라부아지에가 프랑스 과학에 커다란 공헌을 하였으니 그의 목숨만은 살려 주시오."

"라부아지에가 지금 중요한 실험을 하고 있으니 그 실험이 끝날 때까지만이라도 판결을 늦춰 주시오."

몇 사람이 라부아지에의 죽음을 막아 보려고 하였으나 사형 집행을 막을 수는 없었습니다. 결국 관례에 따라 판결을 내린 후 몇 시간

뒤에 라부아지에는 단두대의 이슬로 사라졌습니다.

역사상 가장 중요한 물리학자 중의 한 사람으로 뉴턴을 꼽는다면, 화학에 있어서 이와 비슷한 위치에 있는 사람이 바로 프랑스의 화학자 라부아지에입니다. 이런 그가 실험을 끝내지 못하고 사형을 당한 것은 무척 안타까운 일입니다.

라부아지에는 프랑스의 물리학자, 화학자, 생리학자이며 근대 화학의 창시자로 불립니다. 라부아지에의 '산소 이론'이 나오기 전까지는 프리스틀리의 '플로지스톤 이론'이 연소를 설명하는 주된 이론이었습니다.

당시의 과학자들은 물질은 공기, 물, 불, 흙으로 되어 있고, 이 물질 속에는 불타는 플로지스톤이라는 연소가 있어서 불에 타면 이 연소가 달아난다고 생각했습니다. 그리고 물이 흙으로 변한다고 생각하였는데 그것은 물을 유리 그릇에 넣고 가열하여 증발시키는 과정

실험을 하고 있는 라부아지에

라부아지에가 실험할 때 썼던 마스크

질량 불변의 법칙을 증명하는 데 사용한 라부아지에의 실험 장치

에서 바닥에 흙과 같은 것이 남았기 때문입니다.

라부아지에도 이 실험을 하여 '물을 끓일 때마다 유리 그릇의 무게는 조금씩 줄어들지만, 줄어든 무게와 바닥에 남는 흙 같은 것의 무게는 거의 같다.'는 새로운 사실을 발견했습니다.

그는 밀폐기 속에서 다이아몬드를 비롯한 황, 인, 금속에 대한 연소 실험을 하였습니다. 또 그릇을 꼭 닫고 황과 인을 태우면 재가 되어도 무게가 달라지지 않는다는 사실도 알아냈습니다. 그래서 유명한 '질량 보존의 법칙'을 발표하였습니다. 이것은 훗날 돌턴의 실험에 커다란 영향을 미치는 자연 법칙이 되었습니다.

라부아지에는 프리스틀리가 말했던 적색 수은의 연소로 생기는 새로운 기체가 '산소'라는 것도 밝혀냈습니다. 모든 산의 근원이 산소이고 산소는 더 이상 쪼갤 수 없는 원소라는 사실도 밝혀 원소의 정의를 내렸습니다.

그가 조금만 더 오래 살았다면 오늘날 원자설은 '라부아지에의 원자설'로 알려졌을지도 모릅니다.

라부아지에의 이론은 화학의 변화에 너무나 큰 영향을 미쳤기 때문에 사람들은 그것을 '화학 혁명'이라고 부릅니다.

근대 화학의 아버지, 라부아지에

앙트완 로랑 라부아지에 (Antoine Laurent Lavoisier, 1743~1794, 프랑스)

라부아지에는 1775년 정부 화약 공장의 관리자로 임명되어 화약의 폭발력을 크게 하는 수단을 발명했습니다. 또한 미터법의 확립과 농업에 과학을 응용한 면에서 국가에 크게 공헌을 했습니다.

프랑스 혁명이 일어났을 때 혁명 지도자는 그에게 쉽게 위조할 수 없는 지폐의 제조법에 관한 의견을 물으며 도움을 청하기도 했습니다.

혁명이 일어나기 전 라부아지에는 세금을 징수하는 일을 맡고 있었습니다. 프랑스에서는 관세나 연초세, 일부의 주류에 대한 세금을 거두는 일을 세금 징수인 조합이라는 부유한 금융가 집단이 맡고 있었습니다. 그들은 국가에 매년 일정액의 돈을 지불하는 대신 거둔 세금을 전부 자기들이 나누어 가졌습니다. 세금 징수인들은 자신의 이익을 올리는 데 급급해서 많은 사람들에게 미움을 받았습니다.

혁명이 일어난 지 2년 후, 공화국의 관

라부아지에와 그의 아내 폴즈

리들은 이들 세금 징수인들을 체포하여 사형을 명령했습니다. 라부아지에가 프랑스에 커다란 과학적 공헌을 하였으니 사형만은 면하게 해 달라고 청원하는 사람들도 있었습니다. 그러나 혁명 공화국의 꼬피나르는 딱 잘라 거절하였습니다.

"공화국은 과학자를 필요로 하지 않는다. 재판을 진행시켜라."

결국 라부아지에는 사형을 당했습니다. 라부아지에의 죽음은 많은 과학자들에게 큰 충격을 주었습니다.

"라부아지에의 머리를 쳐서 떨구는 데는 정말로 일순간밖에 걸리지 않았으나, 그와 같은 머리를 또 하나 만들어 내는 데는 백 년이 걸린다고 해도 어려울 것이다."

프랑스의 과학자들은 이렇게 말하며 그의 죽음을 애석해하였습니다.

라부아지에의 실험실

해로운 박테리아를 찾아라
루이 파스퇴르

　1854년 파스퇴르는 북프랑스의 공업 지대인 릴시에 새로 생긴 대학의 교수로 초빙되었습니다. 이때 그의 나이 서른두 살이었습니다. 파스퇴르의 강의 시간에는 학생들이 200명 이상 몰려들곤 했습니다. 파스퇴르는 불과 스물여섯 살의 나이에 전 세계의 쟁쟁한 학자들이 풀지 못했던 주석산과 라세미산 성질의 차이를 발견하는 데 성공하여 당시에 이미 유명한 사람이었습니다.
　어느 날 양조업자인 비고라는 사람이 찾아왔습니다.
　"올해는 웬일인지 포도주가 자꾸 시어져서 큰 손해를 보았습니다. 손해를 본 사람은 저 하나뿐이 아닙니다. 아무리 생각해 봐도 그 원인을 알 수가 없어서 이렇게 선생님을 찾아왔습니다."
　알코올의 발효에 관한 연구는 파스퇴르로서는 처음이었습니다.

당시에는 단지 발효에 효모라는 미생물이 있어야 된다는 것만 알고 있을 뿐, 그 효모가 어떤 구실을 하는지는 알지 못했습니다. 포도주나 식초를 만드는 일은 순전히 경험에만 의존하고 있었습니다.

파스퇴르는 현미경과 씨름하기 시작했습니다. 여러 번 실패를 거듭한 끝에 그는 중대한 사실을 발견했습니다. 즉, 발효는 유기물이나 미생물의 영향을 받아서 이루어진다는 사실입니다.

파스퇴르는 포도주를 섭씨 60도로 한 번 가열하면 그 술은 시어지지 않는다는 '저온 살균법'을 양조업자에게 가르쳐 주었습니다. 그러자 야단이 났습니다. 프랑스 전국의 수많은 양조업자들로부터 고맙다는 편지가 매일 한 무더기씩 날아오기 시작한 것입니다. 프랑

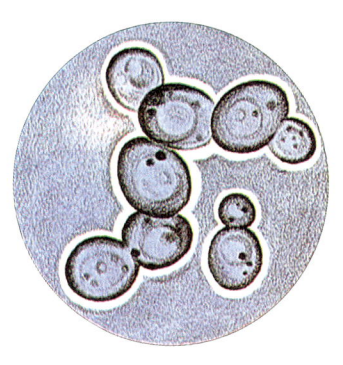
효모균

스에서는 포도주의 생산이 국가적인 산업이었습니다. 그리하여 파스퇴르의 연구는 국가 경제에 큰 도움이 되었습니다.

　파스퇴르는 발효 연구를 계속했습니다. 그러다가 산소가 없는 곳에서만 번식할 수 있는 미생물을 발견하기도 했습니다. 이 무렵 학계에서는 생물의 자연 발생설에 대한 논쟁이 매우 활발하게 벌어졌습니다. 자연 발생설이란, 생물은 자연에서 스스로 만들어지는 것이라는 학설로 고대 그리스의 아리스토텔레스가 확립한 이론입니다.

　'생명체는 건조한 물건을 축축하게 적시거나, 축축한 것을 건조시킬 때 저절로 발생한다.', '진흙 속에서 개구리나 물고기가 저절로 생겨나며, 나뭇잎에서 벌레가 생겨난다.'

　이것이 자연 발생설을 주장하는 학자의 말입니다. 옛날 우리 나라에서도 구더기가 된장 항아리 속에서 생기는 것이라고 생각했을지도 모릅니다. 오늘날의 지식으로 따져 본다면 어처구니없는 이야기지만, 당시만 해도 생명은 자연 속에서 발생한다는 학설을 믿는 사람이 많았으며 이를 반대하는 학자는 웃음거리가 되었습니다.

　'공기 중에는 우리 눈에 보이지 않는 미생물의 홀씨가 떠돌아 다

니고 있지 않을까?'

　파스퇴르는 이런 생각을 푸세에게 적어 보냈습니다. 푸세는 자연 발생설을 주장한 대표적인 학자였는데 파스퇴르의 생각을 반박하였습니다.

　"공기 속에 그런 홀씨가 우글거린다니. 무슨 근거에서 하는 소린가? 당신의 주장대로라면, 이 세상의 공기 전체가 세균으로 가득 차 있다는 뜻이 되는데, 증명할 수 있는가?"

　파스퇴르는 도시의 공기와 시골의 공기, 그리고 높은 산봉우리의 공기를 담아 와 실험을 하였습니다. 그리하여 도시의 더럽혀진 공기가 용액에 닿을 때가 산 위의 깨끗한 공기가 용액에 닿을 때보다 더 빨리 썩는다는 것을 증명해 보였습니다. 결국 몇 년간에 걸친 푸세와의 논쟁은 파스퇴르의 승리로 돌아갔습니다.

예방 의학에 힘쓴 파스퇴르

루이 파스퇴르
(Louis Pasteur, 1822~1895, 프랑스)

　포도주와 맥주의 변질 원인이 미생물의 활동 때문이라는 것을 밝혀 낸 파스퇴르는 '짐승이나 사람의 몸에 병이 생기는 것도 어떤 미생물이 작용한 것이 아닐까?' 하는 의문이 생겼습니다. 파스퇴르는 전염병 때문에 죽은 세 딸로 인해 가슴이 아팠습니다. 당시의 의학은 매우 뒤떨어져 있었기에 치료 방법이 없었던 것입니다.
　"병은 몸속에서 저절로 생기는 것이다."
　"세균은 병을 앓은 결과로 생기는 것이지, 세균이 침입해서 병이 생기는 것은 아니다."
　이런 생각이 널리 퍼져 있어서, 당시에 수술을 받는 환자가 수술로 병은 고쳤지만 수술할 때 침입한 병균에 의해 패혈증으로 죽는 경우가 많았습니다. 이때는 수술 기구나 붕대를 소독해서 쓸 줄을 몰랐던 것입니다.
　"질병과 미생물과는 밀접한 관계가 있습니다."
　파스퇴르가 이렇게 주장하자 엄청난 반발이 일어났습니다.

"의학을 전혀 모르는 자가 감히 세균이 어쩌고 하고 떠들다니, 건방진 파스퇴르."

쟁쟁한 의학 박사들은 파스퇴르를 비웃어 댔지만 진리를 사랑하는 파스퇴르의 신념은 흔들리지 않았습니다. 그로부터 몇 년 뒤, 파스퇴르의 학설을 뒷받침할 만한 소식이 영국으로부터 전해졌습니다. 영국의 외과 의사인 리스터가 편지를 보내 온 것입니다.

"선생님의 말씀대로 수술 기구와 의사의 손을 모두 석탄산 용액으로 깨끗하게 소독했습니다. 피를 빨아내는 솜도, 의복도 모두 소독하고 수술을 했더니 수술 환자의 사망률이 훨씬 줄어들었습니다. 모두가 선생님 덕분입니다. 정말 고맙습니다."

파스퇴르는 말할 수 없이 기뻤습니다. 병은 세균으로부터 생긴다는 '세균병 이론'이 마침내 증명된 것입니다.

1881년 5월 5일, 실험 장소로 결정된 목장에는 의사, 수의사, 축산업자, 농부, 그리고 학자들이 떼지어 구경하러 모여들었습니다. 그런데 이들은 대부분 파스퇴르의 업적을 찬양하기보다는 실험이 실패로 끝나기를 바라는 반대자들이었습니다.

파스퇴르와 그의 조수들은 50마리의 양과 10마리의 소, 그리고 2마리의 염소를 놓고 이들 중 절반만 백신을 접종하고 나머지 절반은 주사를 놓지 않았습니다.

"접종을 한 양은 살아남고, 접종하지 않은 양은 죽

파스퇴르가 사용했던 현미경

을 것입니다."

파스퇴르는 예언을 했습니다. 구경꾼들은 보나마나 실패할 것이라며 비웃었습니다.

12일이 지난 뒤 2차 접종을 했습니다. 첫 번째보다 더 강력한 백신을 주사한 것입니다. 또 12일이 지난 뒤에 3차 접종을 했습니다. 실험의 결과가 판명되는 날까지 파스퇴르도 불안감이 없지는 않았습니다. 만약 이번 실험이 실패로 끝난다면 학자로서의 기반을 잃어버리기 때문입니다.

마침내 운명의 날이 왔습니다. 실험장인 농장에는 지방 관리와 상하 양원 의원들, 그리고 신문 기자들까지 와 있었습니다. 파스퇴르는 지정된 시간보다 약간 늦게 현장에 도착했습니다. 가슴이 죄어드

는 듯 긴장되었습니다. 그러나 파스퇴르가 목장 가까이 다가가자 그를 기다리고 있던 사람들이 마치 개선장군을 맞이하듯 환호성을 질렀습니다.

"파스퇴르 만세, 위대한 과학자 만세!"

탄저병의 박테리아

실험은 대성공이었습니다. 백신을 주사하지 않은 가축들은 거의 죽은 반면, 접종을 받은 가축들은 건강하게 풀밭을 뛰어놀고 있었습니다. 파스퇴르의 실험이 성공을 거두었다는 소식이 전해지자 프랑스와 유럽 전역에서 앞다투어 백신을 주문해 왔습니다. 파스퇴르의 이름은 다시 한번 전 세계로 퍼져 나갔습니다.

탄저병의 예방액을 연구하여 만들어 낸 파스퇴르는 돼지콜레라의 백신도 발명하였습니다. 그리고 당시에는 해결 방법이 없다고 포기하고 있던 광견병의 백신도 만들어 냈습니다.

파스퇴르는 이로운 박테리아와 해로운 박테리아를 찾는 일에 평생을 바친 과학자입니다. 우리가 지금 이렇게 건강하게 살게 된 것은 파스퇴르가 병을 일으키는 해로운 박테리아를 찾아내 예방액을 만들어 준 덕분입니다.

파스퇴르 박물관

쪼개고 쪼개면 무엇이 남을까?

존 돌턴

　돌턴은 휴일마다 호수 지방으로 가서 자기가 만든 기구를 가지고 산으로 올라갔습니다. 산 위 공기와 지상의 공기의 차이를 연구하는 중이었습니다. 이 연구는 그가 죽을 때까지 계속되었습니다. 그는 기체를 연구하여 그 결과를 발표하였습니다.

　"온도가 올라감에 따라 기체의 부피는 늘어난다. 또 혼합 기체의 전체 압력은 각 기체의 부분 압력의 합과 같다."

　기체에 관한 몇 가지 중요한 법칙을 발표한 돌턴은 기상 관측 일지를 작성하기도 하였는데, 이 기록은 그가 죽는 날까지 하루도 빠짐없이 기록된 것입니다. 이 일지에는 기상에 관한 자료가 약 20만 항목이나 담겨 있었습니다.

기상학을 연구하면서 그는 무역풍의 발생 원인이 지구의 자전과 온도 변화와 관련이 있다는 결론에 이르렀습니다.

"비는 기압의 변화 때문에 내리는 것이 아니라 온도의 하락으로 생긴다."

돌턴은 이 사실을 처음으로 밝혀내기도 하였습니다.

지독한 색맹인 돌턴은 붉은 빛깔이 항상 녹색으로 보였습니다. 한때 자기가 색맹인 줄을 모르고 큰 실수를 저지른 후에야 비로소 자신이 색맹인 것을 알았다고 합니다.

돌턴이 예순여섯 살 때 일입니다. 그를 존경하던 사람들은 그에게 당시 영국의 왕인 윌리엄 4세를 알현할 기회를 주선하려 했습니다.

"나는 궁궐의 예복을 입기 싫으니 호의는 고맙지만 사양하겠네."

사람들은 그가 옥스퍼드 대학에서 박사 학위를 받았기 때문에 옥스퍼드 대학의 예복과 같은 색인 붉은색 예복을 입을 수 있으리라고 생각했으나 돌턴은 거절했습니다.

돌턴은 퀘이커 교도였습니다. 퀘이커교는 영국에서 시작된 기독교의 한 종파입니다. 영국의 비국교파 중에서도 가장 규율이 엄격한 퀘이커 교도들은 붉은색 옷을 입지 않습니다. 돌턴은 색맹이기 때문에 붉은색이 녹색으로 보였습니다.

사람들의 권유가 계속 들어오자 돌턴은 결국 자기의 눈에는 녹색으로 보이는 붉은색 예복을 입고 궁정에 나가게 되었습니다.

돌턴은 연구를 계속하여 1794년에 색맹에 관한 최초의 논문을 발표하였습니다.

〈색각에 관련된 놀라운 사실〉이라는 연구 논문에서 돌턴은 그와 그의 형에게 유전된 색맹은 안구의 액체 매질이 탈색되어 색각에 이상이 생긴 때문이라고 주장하였습니다.

이 주장은 그가 살아 있을 때에는 받아들여지지 않다가 나중에 인정을 받아 색맹을 '돌터니즘'이라고 부르게 되었습니다.

멀리서 바닷가 해변을 보면 모래 사장이 넓게 펼쳐져 있습니다. 그 모래 사장은 가까이 가서 보면 작고 딱딱한 모래알로 되어 있습니다. 이 작은 모래 알갱이는 더 이상 작아지지 않을까요? 이 알갱이를 단단한 바위 위에 놓고 망치로 두들겨 보면 어떨까요? 가루를 내고 그것을 끝없이 되풀이하여 빻으면 어떻게 될까요?

기원전 450년경 그리스의 철학자 데모크리토스는 어떤 것이나 언젠가는 끝이 있을 것이고 그 이상 더 작게 하지 못하는 단계가 있을 것이라고 생각했습니다.

데모크리토스는 이 작은 입자에 '분할하지 못하는 것'이라는 뜻의 '아토모스'라는 이름을 붙였습니다. 이 말이 영어의 '아톰'이 되었고 우리말로는 '원자'라고 합니다.

데모크리토스는 이 세상이 온갖 종류의 원자로 이루어져 있다고 생각했습니다. 원자는 너무 작아서 눈으로 볼 수는 없지만 이 원자가 결합하여 다른 물질을 만든다고 했습니다.

2000년 동안이나 거의 대부분의 학자들이 원자에 대해 진지하게 연구하지 않은 데에는 그럴 만한 이유가 있습니다. 원자라는 것은 단순히 하나의 '상상적인 생각'이었기 때문입니다.

학자들은 원자라는 것이 어떤 사람들에 의한 이론상의 생각이라고만 여겼습니다. 실제로 원자가 있다는 것을 누구도 증명하지 못했던 것입니다.

영국의 화학자 로버트 보일은 원자의 존재를 증명하는 실험을 한 최초의 화학자입니다. 보일은 공기가 어떻게 반응하는가에 대해 흥미를 가지고 있었습니다. 공기는 고체가 아니기 때문에 만지거나 그 모양을 알 수가 없었습니다.

"스펀지는 그 스펀지보다 더 좁은 공간에도 밀어 넣을 수 있지. 빵도 그렇게 할 수 있어. 그건 스펀지나 빵에는 작은 구멍이 많기 때문이야. 스펀지를 꽉 쥐면 그 구멍으로 공기가 밀려 나와 스펀지가 압축되어 부피가 줄어드는 거야. 그렇다면 공기도 압축할 수 있겠구나. 공기에도 약간의 구멍이 있으니까 공기를 압축하면 그 구멍이 작아져서 공기 중의 물질들이 더 가까워지겠지."

그래서 보일은 공기에는 작은 입자 즉, 원자가 존재할 것이라고 생각했습니다. 원자와 원자 사이에는 아무것도 없는 공간이 있어서 공기가 압축되면 원자 사이가 더욱 가까워진다고 여겼습니다. 보일은 모든 기체가 다 그렇게 되어 있다고 굳게 믿었습니다.

이것은 액체나 고체에도 해당됩니다. 물을 끓이면 수증기로 바뀌어 기체가 됩니다. 이 수증기는 본래 물의 1000배가량의 공간을 차지하지만 식히면 다시 물로 되돌아갑니다. 물 속에서는 모든 원자가 서로 가깝게 붙어 있지만, 수증기 속에서는 원자와 원자가 상당히 떨어져 있기 때문입니다.

보일에 의해 비로소 원자는 상상 속의 것이 아니라 현실의 것이 되었습니다.

프랑스의 화학자 조제프 루이 프루스트는 원소 하나하나의 무게를 측정하는 연구를 하였습니다. 1789년 프랑스에 혁명이 일어나자 그는 프랑스를 떠나는 것이 안전하다고 생각하고 스페인으로 가서 연구를 계속했습니다.

프루스트가 발견한 것 중에는 동과 탄소 그리고 산소의 원리를 결합하여 만든 '탄산동'이라는 화합물이 있었습니다. 그는 5온스의 동과 4온스의 산소, 1온스의 탄소를 화합한 결과 10온스의 탄산동이 만들어져서 전체의 무게에는 변함이 없다는 것을 알았습니다.

프루스트는 두 가지 화합물 사이에는 모든 중간적 단계가 가능하다는 베르톨레설에 반대했습니다.

그는 화합물은 모두 일정한 비율의 원소로 구성되어 있어서 그 비율이 틀리는 일은 없다는 사실을 확인했습니다. 그리고 8년간 이어진 논쟁에서 승리한 뒤 '정비례의 법칙'을 발표하였습니다.

원자와 정비례의 법칙 사이의 관계에 생각이 미친 사람은 영국의 화학자 존 돌턴이었습니다. 그는 기체에 흥미를 가져 보일의 실험에 대해 자세하게 알고 있었습니다.

"공기와 다른 기체의 반응 관계를 설명하는 가장

좋은 방법은 그것이 원자로 이루어져 있다고 가정하는 것이다. 또 정비례의 법칙도 모든 원소가 원자로 이루어져 있다고 가정을 한다면 성립될 것이다."

돌턴은 혼자 힘으로 원소의 결합을 공부했습니다. 2가지 원소는 다른 비율로도 결합되는 일이 있었습니다. 예를 들면, 3온스의 탄소가 4온스의 산소와 결합하여 '일산화탄소'를 만듭니다. 또한 이 3온스의 탄소는 8온스의 산소와도 결합하여 '이산화탄소'를 만들기도 합니다.

결합의 비율은 다르지만 8은 4의 2배 크기라는 것을 알 수 있습니다.

돌턴은 또 다른 기체도 발견했습니다. 1온스의 수소는 3온스의 탄소와 결합하여 '메탄'이라는 기체를 만듭니다. 이 1온스의 수소는 6온스의 탄소와 결합하여 '에틸렌(탄화수소)'이라는 기체를 만듭니다. 여기에서도 6은 3의 2배 크기입니다.

돌턴은 서로 다른 비율로도 결합하는 원소가 있는 것을 발견하는 동시에, 항상 비율이 큰 쪽은 비율이 작은 쪽의 단순 배수, 즉 2배 또는 3배가 되어 있는 것을 알았습니다.

돌턴의 이 발견을 '배수 비례의 법칙'이라고 하는데 1803년에 발표되었습니다. 2.5개라고 하는 어중간한 수의 원자가 결합하는 일은 없는 것입니다. 이것은 원소가 더 이상 분리되지 않는 원자로

되어 있다는 증거입니다.

　이리하여 돌턴은 '원자설'을 처음으로 주장한 사람으로 인정받고 있습니다.

　돌턴의 이러한 연구의 업적은 이전의 많은 과학자들이 원자에 대해 연구해 놓은 것을 바탕으로 해서 나온 것입니다. 이렇게 과학의 발전은 한 사람에 의해서 이루어지는 것이 아니라 오랜 시간 동안 여러 사람의 노력과 땀과 정성으로 이루어진 것입니다.

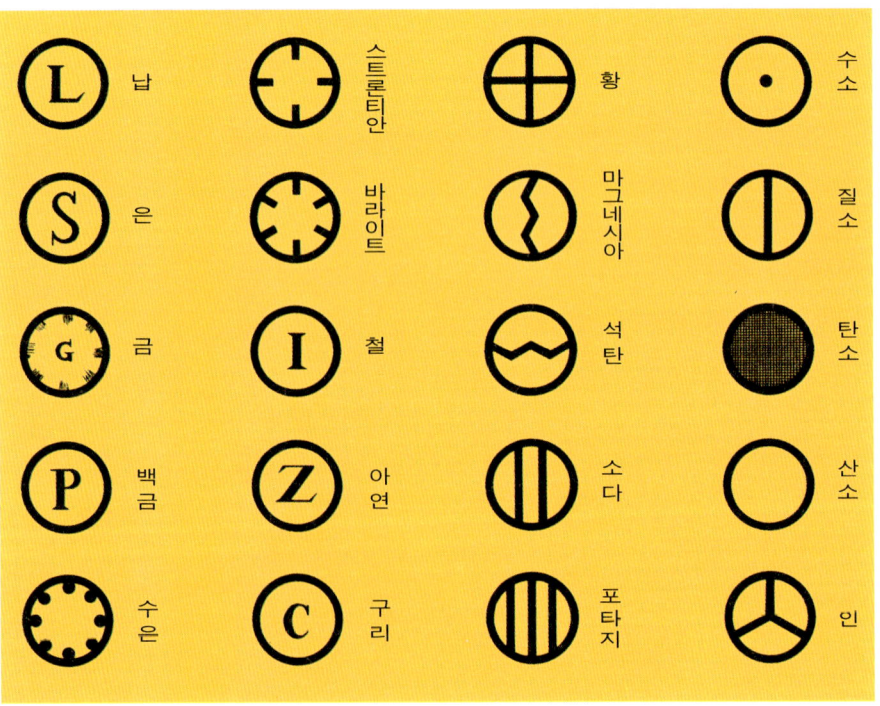

1806년에 만들어진 돌턴의 원자 기호

돌턴은 원자를 나타내는 데 있어 작은 원을 사용하였습니다. 어떤 원소는 그냥 원이고, 어떤 원소는 검게 칠한 원이며 또 다른 원소는 원 가운데에 점을 찍는다는 식으로 표시했습니다. 그러나 더욱 많은 원소나 화합물을 표시해야 할 필요가 있게 되자 이 방법을 더 이상 쓰지 않게 되었습니다.

원자설을 정리한 돌턴

존 돌턴 (John Dalton, 1766~1844, 영국)

존 돌턴은 새로운 원자 이론을 화학에 도입하여 근대 화학의 토대를 쌓은 영국의 화학자입니다.

돌턴은 1766년 잉글랜드 북부의 작은 마을 이글즈필드에서 베를 짜는 직공의 아들로 태어났습니다. 어린 시절부터 수학과 자연 과학을 좋아한 돌턴은 기상 연구에 흥미를 느꼈습니다.

돌턴은 주로 기체를 연구하여 상공의 대기와 지상의 공기가 성분이 별로 다르지 않다는 사실을 발견하기도 했습니다.

"무거운 탄산가스가 어째서 아래쪽에 고이지 않는 것일까?"

돌턴은 이런 의문을 품고 연구를 시작했습니다.

"물질을 이루고 있는 원자와 어떤 관계가 있는 것이 아닐까?"

결국 돌턴은 이렇게 생각하게 되었습니다.

돌턴은 원자 이론에 대하여 얼마간 사실에 근거를 둔 증명을 하여 과학적으로 원자설을 수립했습니다. 그는 같은 원소의 원자는 모두 같다고 가정하고 이론을 세웠습니다.

"원소는 각각 무게가 다른 원자로 되어 있다. 원자는 더 이상 작게 쪼갤 수 없다. 화합물은 두 종류 또는 그 이상의 원자가 결합한 것이다."

이것을 '돌턴의 원자설'이라고 합니다. 돌턴은 1803년 맨체스터 문예 및 철학 협회에서 이 원자설을 처음으로 발표하였습니다. 그러나 화학자 H. 데이비는 돌턴을 비난하였습니다.

"이건 말도 안 되는 어리석은 공상이다. 돌턴은 과학이 소설처럼 공상으로 쓰여지는 것이라고 생각하는 사람이다."

돌턴은 자신의 이론에 확신을 갖고 있었습니다. 돌턴은 자신이 비국교파 학자이기 때문에 그의 공적을 인정하지 않으려는 것임을 잘 알고 있었습니다. 돌턴의 원자설은 프랑스 학계에서 먼저 인정을 받았고, 그 후 윌리엄 헨리라는 돌턴과 친한 화학자가 영국 정부에 권해 돌턴의 원자설을 인정하고 연금을 받을 수 있게 해 주었답니다.

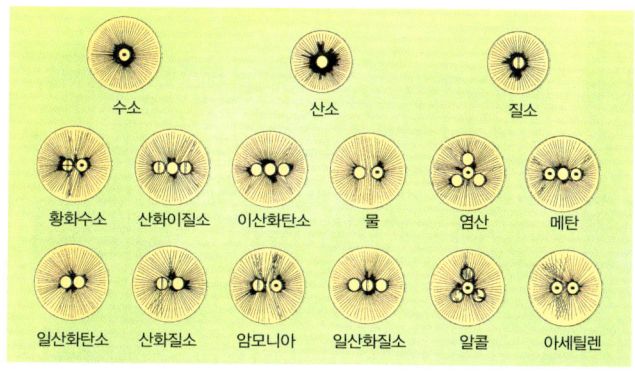

돌턴이 생각한 원자와 화합물의 모델

폴란드의 빛이 된 여인
마리 퀴리

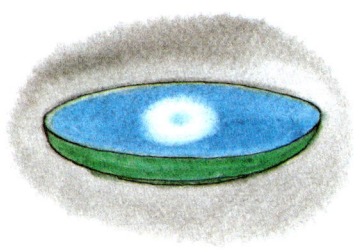

역사 시간에 일어난 일이었습니다.

"마리 스클로도프스카, 지난번에 배운 폴란드 왕에 대하여 이야기를 해 봐요."

마리는 폴란드어로 대답했습니다.

"그분은 현명한 임금님으로 예술가와 시인을 중요하게 여기셨습니다. 우리나라를 문화가 발달된 훌륭한 나라로 만들려고 하셨지만, 쳐들어오는 강한 적에게는 용기가 없는 분이었다고 생각합니다."

이때 폴란드는 전쟁에 져서 러시아가 다스리고 있었습니다. 러시아는 폴란드어 공부나 폴란드 역사에 대한 공부를 금지시켰습니다.

그래서 러시아 몰래 자기 나라 말인 폴란드어로 역사 공부를 하는 교실은 엄숙한 분위기였습니다.

그때 별안간 벨이 울렸습니다.

"찌링! 찌링!"

선생님도 학생들도 모두 긴장하였습니다. 벨이 울리는 것은 러시아 관리가 찾아왔다는 신호였기 때문입니다. 학생들은 서둘러 폴란드 어로 된 책을 모았습니다. 그리고 몇 명의 학생들이 그 책을 가지고 급히 교실을 나가고 나머지 학생들은 재봉 도구를 꺼냈습니다. 흰 천에 단추 구멍을 감치는 시늉을 하는 사이, 문이 열리더니 뚱뚱한 러시아 관리가 들어왔습니다. 러시아 관리가 감시의 눈을 번뜩이며 질문을 했습니다.

"누가 내 질문에 대답을 하겠나?"

교실 안의 모든 학생들이 긴장하며 숨을 죽이고 있었습니다.

"제가 하겠습니다."

마리가 손을 번쩍 들었습니다. 선생님의 얼굴에서 안도의 빛이 떠올랐습니다. 마리는 똑똑한 학생이었기 때문입니다.

"우리 러시아 제국의 황제 이름을 순서대로 말해 보아라."

"예카테리나 2세, 파울 1세, 알렉산드르 1세, 니콜라이 1세……."

마리는 유창한 러시아 말로 척척 대답했

다섯 살 때의 마리(오른쪽)와 언니 헤라

습니다.

"좋아. 지금 우리 나라를 다스리고 있는 분은?"

"러시아 전체의 황제이신 알렉산드르 2세 폐하십니다."

관리는 만족한 듯 빙긋 웃으며 교실을 나갔습니다. 잠시 후, 마리는 울음을 터뜨렸습니다. 러시아의 지배를 받고 있음을 인정해야 하는 굴욕감과 위기를 모면했다는 안도감이 한꺼번에 울음으로 터져 나온 것입니다. 이 소녀가 바로 라듐을 발견하여 노벨 물리학상을 받은 마리 퀴리입니다.

"광석을 녹여서 원소를 분류하여 새 원소를 찾아내려고 합니다."

피에르 퀴리와 마리 퀴리 부부는 과학 학사원에 내는 논문에 이렇게 예고하였습니다. 예고하는 데도 용기가 필요했지만 그 후의 연구는 더욱 어려웠습니다.

연구실로 마차가 짐을 싣고 왔습니다. 커다란 자루에는 흔해 빠진 흙 같은 덩어리가 들어 있었습니다. 마리는 그것이 보물이기라도 한 듯 두 손으로 소중하게 흙덩이를 들어올렸습니다.

"이 속에 이상한 빛을 내는 것이 들어 있을 거야. 얼마나 들어 있을까? 자, 이제 시작이다."

그날부터 마리는 실험에 들어갔습니다. 이 흙은 피치블렌드라고 불리는 것으로 우라늄을 빼내고 난 찌꺼기 가루였습니다. 마리는 우라늄 말고도 방사능을 가진 다른 원소가 있을 것이라고 믿었습니다.

마리는 이 흙을 큰 솥 안에 넣고 덩어리를 으깬 뒤 약품을 넣었습니다. 흙과 약품이 반응하여 부글부글 끓는 것을 막대기로 휘저어 바짝 졸아들게 만들어 항아리에 퍼 담았습니다. 이 일은 무척 힘이 들고 시간도 많이 드는 일이었습니다. 뜰에 산더미처럼 쌓아 둔 피치블렌드가 차차 줄어들었습니다. 마리는 피치블렌드를 하나하나 조심스럽게 분해해 나갔습니다.

매일 아침부터 저녁까지 연기와 먼지를 뒤집어쓰고, 약품 냄새에 숨이 콱콱 막히면서도 긴 쇠막대기를 들고 일에 열중하였습니다.

논문에 예고한 지 3년이 지났습니다. 밤늦은 시각, 퀴리 부부는 어린 딸을 재워 놓고 다시 실험실로 찾아갔습니다.

실험실 문을 여는 순간, 작은 유리 접시에서 파르스름하고 희미한 빛이 점점이 빛나고 있었습니다.

"여보, 보세요. 정말 너무 고운 빛이에요!"

"아, 드디어 성공했어! 성공이야."

부부는 서로 손을 잡은 채 파르스름한 빛을 황홀한 표정으로 바라보았습니다.

"지도에서 사라진 조국 폴란드의 이름을 따서 폴로늄과 라듐이라고 지어요."

퀴리 부부는 새 원소 두 가지에 조국의 이름을 넣었습니다. 퀴리 부부는 라듐과 폴로늄이라는 방사성 원소를 발견한 것입니다.

신문 기자가 잇달아 찾아오고 퀴리 부부는 갑자기 바빠졌습니다. 다음 해 1903년, 퀴리 부부는 노벨 물리학상을 받았습니다. 시상식에서 피에르는 이런 말을 했습니다.

"라듐은 세상에 많은 도움을 줍니다. 그러나 잘못 사용하면 대단히 위험한 것이 되지 않을까 염려됩니다. 인간은 자연 속의 비밀을 알게 되면 득이 될지 해가 될지를 생각해야 합니다. 노벨의 다이너마이트 발명이 그 예라고 생각합니다. 강한 폭약은 사람들로 하여금 놀랄 만한 큰 일을 할 수 있게 하였습니다. 그러나 또 전쟁에도 사용되어 많은 사람을 죽게 하였습니다. 저는 노벨이 처음에 생각하고 있었듯이 새로운 발견은 좋은 일을 위해 사용되어야 한다고 생각합

퀴리 부부가 사용했던 실험 기구

니다. 과학은 나쁜 일에 사용되어서는 안 됩니다."

라듐이 암의 치료에도 큰 힘이 있다는 것을 알게 되자, 라듐의 제조법을 알고 싶어하는 사람들이 미국 등지에서 몰려왔습니다.

"마리, 친구가 제조법의 특허를 받으라고 권유하는데 어떻게 하면 좋지?"

"여보, 그건 잘못된 생각이에요. 과학의 연구는 그 결과를 논문으로 올바르게 발표하게 되어 있잖아요. 저도 여러 사람의 좋은 논문으로 공부해 왔어요. 발견된 라듐을 의사가 잘 이용하여 병을 고치는 데 쓰는 것은 반가운 일이에요. 하지만 돈벌이를 위해 특허 수속을 하는 일에는 찬성할 수 없어요."

"당신 말이 옳아요."

라듐은 모든 사람의 것이라는 확신으로 퀴리 부부는 라듐의 제조법을 공개했습니다. 그 대신 이들 부부에게는 한 푼의 돈도 들어오지 않았습니다. 사람들은 인류를 위해 헌신하는 퀴리 부부의 진정한 마음에 모두들 감격했습니다.

노벨상을 두 번 받은 퀴리 부인

마리 퀴리 (Marie Curie, 1867~1934, 프랑스)

　퀴리 부인은 폴란드의 수도 바르샤바에서 태어났습니다. 워낙 머리가 좋았던 그녀는 학교에서 월반을 했고 항상 우등생이었습니다. 그러나 집안이 가난하여 어릴 때부터 남의 집 아이들을 가르치는 가정 교사를 했습니다. 혼자 눈물도 많이 흘렸고 괴롭고 힘든 생활을 해 나갔습니다.

　그 당시 폴란드는 러시아, 독일, 오스트리아의 침략을 받는 불행한 처지에 있었습니다. 퀴리 부인은 어려운 가운데서도 프랑스로 가서 공부를 계속하였습니다. 그녀는 파리의 대학에서 우수한 성적으로 장학금을 받으며 공부했고, 물리학 학사 시험에 수석으로 합격했습니다.

　그 후 피에르 퀴리와 결혼하여 피치블렌드 광석을 분석하기 시작하였습니다. 부부가 공동으로 연구한 끝에 거기에 함유되어 있는 두 원소를 발견하여 '폴로늄'과 '라듐'이라는 이름을 붙였습니다. 퀴리 부인은 1903년 남편 피에르와 함께 노벨 물리학상을 받았고, 남편이 사고로 죽은 뒤에는 라듐을 분석하는 법을 연구하여 1911년 다시 노벨 화학상을 받았습니다.

세계에서 노벨상을 두 번이나 받은 사람은 퀴리 부인밖에 없습니다. 결혼을 한 뒤에는 아내로서 어머니로서 집안일이라든가 아이를 기르는 일 등 잡다한 일이 많은데도 불구하고, 남편과 함께 열심히 연구하여 빛나는 업적을 남겼습니다. 퀴리 부인이 남편 피에르에 대하여 쓴 〈피에르 퀴리 전〉에는 이들 부부의 생각이 잘 나타나 있습니다.

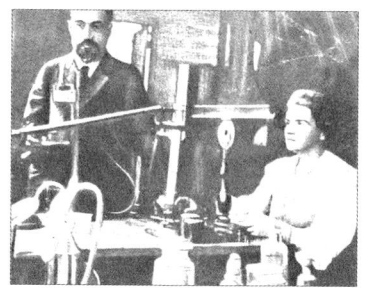
연구에 몰두하고 있는 퀴리 부부

퀴리 부부와 딸 이렌

"만일 우리 둘 중 하나에게 무슨 일이 있더라도, 라듐을 연구하는 일은 꼭 완성시킵시다."

"몸이 많이 고단하지만 이건 우리 자신과 싸우는 것이나 마찬가지요."

"교장 선생님과 장관에게 저의 감사의 뜻을 전해 주십시오. 훈장을 받을 필요는 조금도 느끼지 않습니다만, 실험실은 꼭 필요하다는 것을 보고해 주시기 바랍니다."

이처럼 퀴리 부부의 과학에 대한 애정은 남달랐습니다.

세상에서 가장 작은 것은 무엇일까?
닐스 보어

　덴마크의 한 대학에서 물리학 시험 답안을 두고 교수와 학생 간에 실랑이가 벌어졌습니다. 시험 문제는 '기압계로 고층 건물의 높이를 재는 방법을 쓰시오.' 였습니다.

　그런데 '건물 옥상에 올라가서 기압계에 줄을 매달아 아래로 떨어뜨린 뒤 그 길이를 재면 된다.' 라고 답을 쓴 학생이 있었습니다. 교수는 노발대발 화가 났습니다.

　"이런 성의 없는 답안지를 내다니 도저히 용서할 수 없어. 이건 나에 대한 도전이야!"

　그러자 다른 교수가 나서서 이를 진정시켰습니다. 교수는 그 학생을 불러 다시 답을 쓰도록 했습니다.

　"6분을 줄 테니 물리학 지식을 이용한 답을 다시 써내라. 그렇지 않으면 이번 시험 점수는 0점으로 처리하겠다."

학생은 미안한 표정을 짓더니 금방 답을 다시 써 냈습니다.

"기압계를 가지고 옥상에 올라가 아래로 떨어뜨린 후 낙하 시간을 잰 뒤에 '낙하 거리=1/2×(중력 가속도×낙하 시간의 제곱)' 공식에 따라 높이를 구하는 것입니다."

처음에 0점을 주어야 한다고 주장했던 담당 교수는 이 답을 보고 만족하여 높은 점수를 주었습니다.

"자네, 또 다른 답을 생각하고 있는 것이 있나?"

"옥상에서 바닥에 닿도록 긴 줄에 기압계를 추처럼 매달아 흔들어 그 진동 주기를 통해 건물 높이를 알 수 있습니다."

"그래, 그렇지. 자네 생각이 참 기발하군."

학생은 대여섯 가지 답을 내놓아 교수를 놀라게 했습니다. 원래 문제의 출제 의도는 고도가 높아질수록 기압이 낮아지는 원리를 이용해서 지면과 건물 옥상의 기압차를 측정해, 건물의 높이를 구하는 것이었습니다. 하지만 그 학생은 고등학교나 대학에서 늘 같은 답만을 가르치는 것이 마음에 들지 않았던 것입니다.

이 학생이 바로 닐스 보어입니다. 그는 새로운 원자 모델을 만들어 양자 역학의 성립에 결정적인 역할을 한 공로로 1922년 노벨 물리학상을 받았습니다.

1800년대가 끝나갈 무렵 원자설은 여러 가지 문제를 극복했습니다. 또 대부분의 분자나 상당히 복잡한 유기 화합물까지도 상세하게 해명되었습니다. 그러나 여전히 원자나 분자를 본 사람은 없었습니다. 원자나 분자가 실제로 어떤 것인지, 얼마만큼 큰 것인지, 무게는 얼마나 나가는지 그리고 어떤 모양을 하고 있는지 알고 있는 사람은 없었습니다.

데모크리토스는 원자는 더 이상 쪼갤 수 없는 가장 작은 것이라고 생각했습니다. 돌턴도 마찬가지로 생각했으며 원자는 매우 작은 둥근 공과 같은 것으로 딱딱하고 매끈매끈하며 표시를 하거나 파괴하지 못하는 것이라고 여겼습니다.

드디어 1900년대가 시작되자 그것은 사실이 아니라는 것이 밝혀졌습니다.

"원자는 많은 종류의 더욱 작은, 원자를 만드는 입자로 이루어져 있다. 원자를 만드는 입자의 하나로서 중요한 것은 '전자'라는 것이다. 전자는 가장 작은 원자인 수소 원자의 1,837분의 1의 무게밖에 되지 않는다."

오늘날의 과학자들은, 원자가 그 중심에 작은 핵을 가지고 있다는 것을 알고 있습니다. 원자의 무게는 거의 이 작은 핵의 무게와 같습니다. 핵의 주위에는 매우 가벼운 전자가 많이 있습니다.

19세기 말부터 다양한 형태의 원자 모형을 고안해 나가던 과학자들이 있었습니다. 1911년에 러더퍼드라는 과학자가 '러더퍼드 원자 모형'을 제안했는데 보어는 이것을 연구하는 과정에서 수소 원자 모형을 발견하게 되었습니다.

보어는 안정된 원자가 존재할 수 있는 모형을 제안했습니다. 보어는 전자가 원자핵 주위를 고정된 반지름을 갖는 원 궤도로 회전한다고 가정했습니다. 원자핵 주위에는 회전할 수 있는 궤도가 미리 정해져 있습니다. 그리고 정해진 궤도에는 그 궤도에 고유한 에너지가 정해져 있습니다. 안쪽 궤도일수록 낮은 에너지가, 그리고 바깥쪽 궤도일수록 높은 에너지가 나옵니다.

또한 보어는 전자가 원자핵 주위를 이렇게 정해진 궤도로 회전하

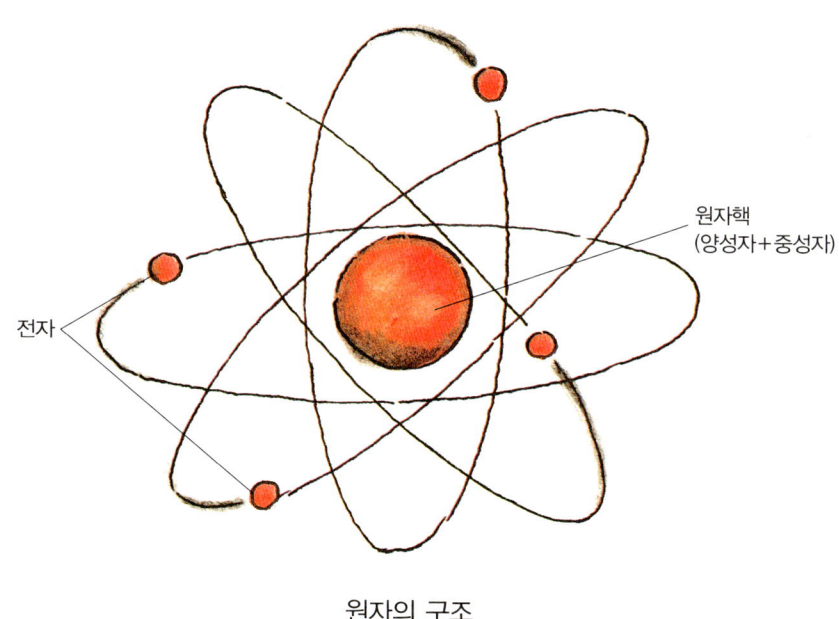

원자의 구조

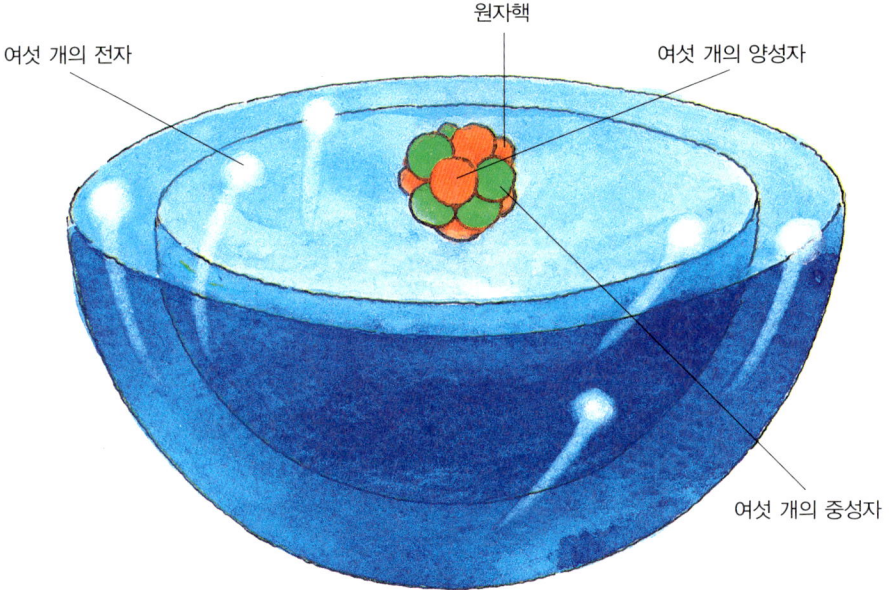

탄소 원자의 구조

면 절대로 전자기파를 방출하지 않는다고 가정했습니다. 그래서 안정된 원자가 존재하며, 전자가 한 궤도에서 다른 궤도로 옮겨갈 때만 전자기파를 방출하거나 흡수합니다. 외부에서 원자에 준 에너지를 전자가 흡수하면 더 높은 궤도로 옮겨갈 수 있고 높은 궤도에서 낮은 궤도로 옮겨갈 때는 전자기파를 방출합니다.

보어는 수소 원자에 속한 전자가 회전하는 궤도에 맞추어 발생시키는 에너지의 값을 구하는 공식을 만들었습니다. 이미 수소 기체는 몇 가지 정해진 진동수를 갖는 전자기파만 방출한다고 알려져 있었습니다. 이것을 수소 기체의 선스펙트럼이라고 합니다. 그리고 보어는 전자의 운동량이 전자가 회전하는 원궤도의 반지름에 전자의 속도, 그리고 전자의 질량을 곱한 양과 같다고 생각했습니다.

보어는 러더퍼드의 원자 모형에 양자론을 적용하였으며 이것으로 수소 원자의 구조를 밝혀 오늘날의 원자 물리학의 기초를 닦았습니다. 보어의 수소 원자 모형은 양자 역학이 출현하면서 그 비밀이 속속들이 알려지게 되었습니다.

원자 구성의 혁명가 닐스 보어

닐스 헨릭 데이비드 보어 (Niels Henrik David Bohr, 1885~1962, 덴마크)

닐스 헨릭 데이비드 보어는 1885년 코펜하겐 대학교의 생리학 교수의 아들로 태어났습니다. 그의 아버지는 자신의 전문 분야뿐 아니라 모든 분야에 관심이 많은 사람이었습니다. 보어의 집은 끊임없는 방문객들로 붐볐고, 그들 중 많은 사람들은 철학에서부터 물리학에 이르는 다양한 전공을 가진 아버지의 동료들이었습니다.

보어는 어릴 때부터 그들의 생기 있고 때로는 끝날 줄 모르는 토의를 들으며 자랐습니다. 보어는 저녁 시간의 대화에서 세상사에 대해 굉장히 많은 것을 배웠을 뿐만 아니라 양자론이나 방사능에 대한 지식까지도 얻을 수 있었습니다.

1903년 대학에 들어갈 때 보어는 이미 아인슈타인의 연구에 못지않게 혁명적인 원자 내부의 모형을 제안할 수 있을 정도로 자신의 지적 능력을 발전시켰습니다.

물의 표면 장력을 측정하려는 보어의 첫 번째 연구 계획은 아주 사려 깊고 철저하게 진행되어, 학생 시절이었던 1906년 덴마크 학술원으로부터 금메달을 받기도 했습니다. 보어는 아인슈타인에 이어 1922년에 '원자의 구성에 대한 이론'으로 노벨상을 받았습니다.

1931년에는 러더퍼드의 원자 모형에 양자론을 적용하여 수소 원자의 스펙트럼의 파장계열에 대한 연구로 수소 원자의 구조를 밝혔습니다.

보어의 원자 모형이 처음 발표되었을 때 당시의 과학자들은 처음에는 이것을 믿지 않으려 했습니다. 보어의 동생인 하랄 보어는 형에게 이렇게 편지를 썼습니다.

"사람들은 형의 논문에 많은 흥미를 느끼고 있습니다. 하지만 저는 대부분의 사람들이 그것을 객관적 사실로 믿으려고 하지 않는다는 인상을 받았습니다. 그들은 형의 원자 모형이 너무 대담하고 환상적이라고 생각하고 있습니다."

하지만 보어는 연구를 계속하였고, 원자 폭탄의 기초인 우라늄의 핵분열에 대한 이론 연구가 인정을 받아 1957년 제1회 원자력 평화상을 받았습니다. 1962년 보어의 죽음은, 플랑크의 양자론과 아인슈타인의 상대론에 의해 60년 전에 시작된, 신기원적인 발전들을 중단시킨 애석한 일이었습니다.

시간과 공간에 대한 생각을 뒤엎다
알베르트 아인슈타인

　아인슈타인은 특별한 재능을 보이는 아이가 아니었습니다. 그저 말수가 적고 엄격한 독일식 교육을 싫어하는 평범한 학생이었습니다. 아인슈타인은 수학을 좋아하고 물리학에 흥미를 느꼈습니다.

　1900년 취리히 공과 대학을 졸업하고, 1902년 스위스 특허 사무국에 심사관으로 취직한 아인슈타인은 물리학 연구를 계속하여 '브라운 운동, 광양자 이론, 특수 상대성 이론'을 발표하였습니다.

　'아인슈타인' 하면 '상대성 이론'을 떠올리고 '상대성 이론' 하면 '아인슈타인'을 떠올리는 것은 그만큼 그의 상대성 이론이 과학계에 미친 영향이 크다는 것을 보여 주는 예입니다.

　특수 상대성 이론은 당시 모순을 가지고 있던 뉴턴 역학과 갈릴레이 역학의 문제를 완전히 뒤흔들어 놓았으며, 철학과 사상에도 큰 영향을 주었습니다. 그 이론은 과학자들의 머릿속에 있던 시간과 공간의 개념을 완전히 뒤바꾼 이론이었습니다.

그렇다면 '상대성 이론'이란 무엇일까요?

상대성 이론에서 가장 큰 관심을 끄는 대목은 바로 '시간'에 대한 새로운 생각들이었습니다. 1시간은 60분이고 하루는 24시간입니다. 이것은 누구에게나 똑같은 시간이지요. 그런데 아인슈타인은 특수한 상황 속에서는 사람마다 시간이 다를 수 있다는 엉뚱한 이론을 발표한 것입니다.

여기서 비밀은 바로 '속도'입니다. 특수 상대성 이론에 의하면, 어떤 것이 빨리 움직이면 빨리 움직일수록 시간은 천천히 흘러가고, 느리게 움직이면 그에 따라 시간도 느리게 흘러간다는 것입니다. 따라서 사람도 얼마나 빨리, 혹은 느리게 움직이는가에 따라 사람마다 시간이 제각기 다르게 흘러간다고 하는 신기한 주장을 했던 것입니다.

물리학에서는 어느 누가 물리 법칙을 세우든지 그 물리 법칙은 항상 같은 절대적이어야 한다고 생각합니다. 그러나 아인슈타인은 시간은 누구에게나 어디에서나 일정하게 흘러

어린 시절의 아인슈타인

가는 것이라는 절대 시간의 의미를 '상대성'이라는 낱말로 뒤바꾸어 놓았습니다.

상대성 이론이 이해하기 힘든 이유 중에 하나는 이전까지의 생각들을 완전히 없애고 새로운 방향에서 생각해야 한다는 것입니다.

사람마다 상대성 운동 상태가 다르기 때문에, 사람마다 시간이 서로 다르게 간다는 생각이 필요한 것입니다.

1907년 발표된 아인슈타인의 '특수 상대성 이론'은 뉴턴 물리학에 젖어 있던 사람들에게는 그 내용이 쉽게 이해되지 않았습니다.

특수 상대성 이론은 물체의 속도든 관측자의 속도든 빛의 속도에

견줄 만큼 아주 빠를 경우에 효과가 드러납니다. 시간과 공간이 관측자에 따라 달라질 수 있다는 개념을 이용하여 빛과 비슷한 속도로 달리면 시간이 천천히 흐르고 수축된다고 하였습니다.

"광속(빛의 속도)에 가까운 속도로 쌍둥이 형이 우주 여행을 하면 지구에 있는 쌍둥이 동생보다 나이를 적게 먹습니다. 빛의 속도의 60%로 여행하면 우주선을 탄 형이 여덟 살을 먹을 때 지구에 있는 동생은 열 살을 먹게 되지요. 문제는 우주선을 탄 형이 보면 지구 자체가 여행하는 것처럼 보여 지구에 남은 동생이 나이를 덜 먹는 것처럼 보입니다. 그래서 이를 '쌍둥이 패러독스'라고 부릅니다. 그러나 실제 결과는 우주선을 탄 형이 나이를 적게 먹는 것입니다."

우주에 있는 쌍둥이 형이 나이를 더 적게 먹는다는 이론을 발표하자 사람들은 믿을 수 없다는 표정을 지었습니다.

"그렇다면 우주 비행사들은 늙지 않고 아주 오래오래 살겠구나. 정말 부러운데."

"반드시 빛의 속도로 우주 여행을 해야 시간이 천천히 흐른단 말이지? 정말 신기한 일이군."

특수 상대성 이론이 세계를 깜짝 놀라게 한 것은 시간에 대한 생각뿐 아니라 '질량을 에너지로 바꿀 수 있다'는 사실이었습니다. 물리학에서 물체의 역학적 에너지는 운동 에너지와 위치 에너지의 합만으로 주어집니다. 그러나 특수 상대성 이론에 따르면 질량과 에너

아인슈타인이 특수 상대성 이론을 생각해 낸 스위스 특허국의 아인슈타인 책상과 상대성 이론에 관한 원고

특수 상대성 이론을 발표한 26세 때의 아인슈타인

지가 같습니다.

　질량과 에너지가 같다는 아인슈타인의 주장은 전 세계 과학자들을 깜짝 놀라게 했습니다. 전혀 생각해 본 적도 없는 뜻밖의 주장이었던 것입니다.

　아인슈타인은 질량은 에너지를 가지고 있으며 따라서 물질은 에너지의 한 형태라고 주장했습니다. 아인슈타인의 이러한 주장은 십여 년 뒤에 '원자력 에너지'가 증명해 주었습니다.

　제2차 세계 대전이 일어나자 미국의 루스벨트 대통령은 아인슈타인의 상대성 이론에 나오는 공식을 이용해 원자 폭탄을 만들도록 지시했습니다.

방사성 물질이 핵분열하거나 수소가 핵융합한 후 질량은 반응 전의 질량에 비해 적습니다. 이 질량 결손이 '$E=mc^2$(E는 에너지, m은 질량, c는 진공 속에서의 빛의 속도)'이라는 공식에 따라 엄청난 에너지로 변합니다. 이러한 에너지를 원자력 에너지라고 하며 인류는 원자 폭탄으로 그 위력을 처음으로 실감했습니다.

광양자 가설로 노벨 물리학상을 받은 아인슈타인

알베르트 아인슈타인 (Albert Einstein, 1879~1955, 미국)

　아인슈타인은 특수 상대성 이론을 발표하면서 두 가지 논문을 더 발표하였는데 그 중 한 가지가 '광전 효과'에 관한 것입니다. 이 광전 효과로 아인슈타인은 노벨상을 받게 됩니다.

　광전 효과란 금속판에 빛(전자기파)을 쪼여 주면 전자가 튀어나오는 현상을 말합니다. 이 현상이 1900년대 초에 실험으로 관찰되었습니다. 이렇게 관찰된 현상은 당시의 빛에 대한 이론으로는 설명하기가 어려웠습니다. 당시에는 빛을 전자기파, 즉 '파동'으로 생각했습니다. 파동은 움직이면서 에너지를 전달하는데, 파동이 전달하는 에너지는 파동의 진폭의 제곱에 비례합니다. 이 진폭의 제곱이 빛의 경우에는 빛의 밝기 또는 세기와 같습니다.

　"빛은 입자로 구성돼 있어요. 이 입자는 그 빛의 진동수에 따라 '$E=hf$'라는 식으로 주어진 에너지를 나릅니다. E는 에너지이고 f는 빛의 진동수이며 h는 플랑크 상수라고 부르는 보편 상수입니다. 이 광전 효과는 마치 구슬 맞추기와 같아요. 원 안에 들어 있는 구슬이 전자이고 위에서 내려오는 구슬이 빛(광자)입니다. 원리는 이렇습니다. 빛 구슬 하나가 전자 구슬 하나를 튀어나가게 할 수 있어요. 단, 빛 구슬의 에너지가 충분해야(충분히 빠른 속도로 와서 전자 구슬을 맞춰야) 전자 구슬을 튀어 나가게 할 수 있습니다."

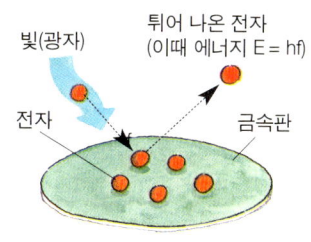

광전 효과

원자의 구조를 연구한 닐스 보어는 이렇게 말했습니다.

"원자 속 전자들의 운동은 해와 달, 지구와 같은 천체의 움직임과는 다르다. 지구나 달과 같은 천체는 만유 인력과 뉴튼의 운동 법칙으로 정확하게 예측하고 관찰할 수 있지만, 전자는 한 순간에는 여기 있고 다른 순간에는 저기 있어서 예측이 불가능하다."

원자 세계의 불확정성은 자연의 본질이라는 보어의 말에 물리학자인 아인슈타인은 이렇게 말했습니다.

"신은 주사위를 던지지 않는다. 자연과 물질의 운동을 확률적으로 설명하려고 해서는 안 된다. 천체나 물체의 운동은 확실한 인과 관계로 설명할 수 있어야 한다."

양자 역학을 인정하지 않았던 아인슈타인의 이 말은 나중에 틀렸다는 것이 밝혀지게 되지만, '신은 주사위를 던지지 않는다.'라는 말은 지금도 많은 사람들이 기억하고 있는 유명한 말이 되었습니다.

중력에 대한 새로운 주장, '일반 상대성 이론'

일반 상대성 이론은 특수 상대성 이론을 보완한 것으로 중력 이론이 새롭게 제시된 것입니다. 자연계에는 기본이 되는 힘으로 중력과 전자기력이 있습니다. 그중에서 전자기력은 특수 상대성 이론으로 설명할 수 있었습니다. 그러나 중력에 대해서는 설명이 불가능했습니다. 아인슈타인은 이 문제를 연구하여 마침내 일반 상대성 이론을 완성했습니다.

일반 상대성 이론 역시 시간과 공간에 대해서 다루고 있지만 특수 상대성 이론에서처럼 아무것도 없는 진공 상태의 시간과 공간이 아니라, 그 안에 물질을 담고 있는 시간과 공간에 대해서 이야기하고 있습니다.

일반 상대성 이론에 관하여 방정식으로 증명한 아인슈타인의 원고

당시에 시공간이 휘어졌다는 아인슈타인의 주장은 너무나 낯설고 생소해서 어느 누구도 한 마디 대꾸조차 못했답니다. 그 전까지 대부분의 과학자들은 별에서 나온 빛이 우주를 통과할 때 일직선으로 간다고 믿었습니다. 하지만 아인슈타

인은 별빛이 직선이 아니라 곡선으로 휘어진다는 것을 밝혔습니다.

아인슈타인의 위대한 점은 이런 낯선 의미를 수학적인 구조로 표현했다는 것에 있습니다. 아인슈타인은 수성 근처에서 빛이 곧바로 가지 않고 수성 쪽으로 휘어지는 현상을 발견하고 이것을 이론적으로 설명하려 했습니다.

"여러분은 사과를 물에 씻고 난 뒤, 물방울이 사과의 휘어진 표면을 따라 흘러내리는 것을 보았을 것입니다. 수성 근처에 있는 빛도 그러한 표면을 따라서 그냥 흘러갔다는 것이 바로 일반 상대성 이론의 바탕이 됩니다."

아인슈타인은 이러한 생각을 내놓는 데만 그친 것이 아니라 수학적인 방정식으로 나타내기 위해서 굉장한 노력을 했습니다.

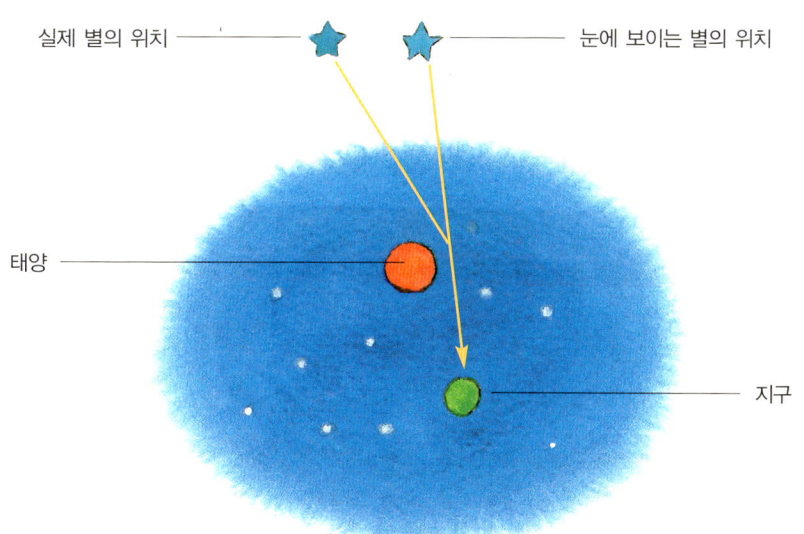

별은 실제의 위치와 다른 위치에 있는 것처럼 보인다.
이것은 별빛이 태양에 의해 휘기 때문이다.

"중력과 같이 물질을 당기는 힘(인력)이 강하면 빛의 진행도 구부러집니다. 빛이 구부러짐에도 불구하고 이를 측정할 수 없는 이유는 빛의 구부러지는 정도가 아주 작기 때문입니다. 인력이 아주 크게 작용하지 않는 한 그 구부러지는 정도를 측정할 수 없습니다."

일반 상대성 이론은 시간과 공간은 절대적인 것이 아니라 시간과 공간이 물질과 서로 밀접한 관계를 맺고 있음을 밝혔다는 데 큰 의의가 있습니다.

이 이론은 절대적인 공간으로만 알고 있었던 우주의 연구에 새로운 지평을 열게 되었습니다. 블랙홀의 존재를 밝혀 내는 데에도 아인슈타인의 일반 상대성 이론이 큰 영향을 미쳤습니다.

아인슈타인의 일반 상대성 이론에서 '빛이 구부러진다'는 것은 1919년 천문학자 에딩턴에 의해 증명되었습니다.

에딩턴은 개기 일식을 보기 위해 아프리카로 갔습니다. 평소 낮에는 별을 볼 수 없지만 개기 일식 때는 달이 해를 가리는 덕분에 그 주변의 별들을 볼 수 있었습니다. 에딩턴은 이 별들을 사진으로 찍어 두었다가 6개월이 지난 뒤 그 별들이 다시 밤하늘에 나타날 때 찍은 사진과 비교하였습니다.

태양은 아주 큰 인력을 가지고 있는데 태양이 달에 가려져 검게 되었을 때 태양 뒤쪽에 보이는 별빛이 태양 옆을 지나면서 약 1800분의 1도 정도가 구부러지는 것을 확인했습니다. 중력이 강한 곳을 지날 때는 빛도 휘게 되며, 이때 에너지를 잃어 파장도 길어진다는 것이 증명된 것입니다.

빛이 휜다는 사실을 밝혀 낸 아인슈타인의 일반 상대성 이론은 또 한 가지 놀라운 사실을 밝혀냈습니다. 그것은 빛의 속도보다 인력이 엄청나게 강해지면 빛도 통과하지 못하고 빨려드는 '블랙홀'이 존재한다는 사실입니다.

    태양계가 속해 있는 우리 은하에서도 일반 상대성 이론이 증명되고 있습니다. 바로 블랙홀의 존재 자체가 그 증거입니다. 일반 상대성 이론에 따르면 태양의 경우 현재의 크기를 가질 때는 주위를 지나는 빛이 조금 휘게 됩니다. 만일 태양의 크기가 질량이 변하지 않는 가운데 점점 더 줄어든다면 빛이 휘는 각은 점점 더 커져야만 합니다. 그리하여 태양 반지름이 1.5km가 되도록 수축하면 빛은 휘는 것이 아니라 아예 빨려들어가게 됩니다. 이것을 블랙홀이라고 합니다.

가족과 함께 있는 70세의 아인슈타인

앗! 대륙이 움직인다
알프레드 베게너

어느 날, 한 독일 여인은 약혼자의 편지를 받았습니다. 여인은 설레는 가슴을 진정시키며 편지 봉투를 천천히 열었습니다. 그러고는 너무나 보고 싶은 약혼자의 얼굴을 떠올리며 편지를 읽었습니다. 한참을 읽던 여인은 그만 화가 나고 말았습니다.

"이럴 수가! 달콤한 사랑 얘기는 없고 이상한 대륙 얘기만 잔뜩 써 보냈잖아."

편지에는 이런 내용이 쓰여 있었습니다.

"남아메리카의 동부 해안이 아프리카 서부 해안과 정확하게 맞지 않아? 마치 한때 서로 붙어 있기라도 했듯이 말이야. 어쩌면 대륙은 원래 하나였을지도 몰라."

귀여운 약혼자에게 황당한 사랑의 편지를 보낸 이 사람은 누구일까요? 그는 바로 알프레드 베게너입니다. 베게너는 독일의 과학자로 '대륙 이동설'을 처음으로 주장한 사람입니다. 베게너는 '대륙 이동설'을 세상에 발표한 다음 빗발치는 비난을 받았습니다.

"여러분! 약 2억 년 전 지구는 하나의 대륙이었습니다. 그러나 오랜 시간이 흐르면서 대륙들은 갈라져 서서히 멀어지기 시작한 것입니다."

베게너가 〈대륙과 대양의 기원〉이라는 책을 출판하면서 대륙이 움직인다고 주장하자, 세상 사람들이 그를 비웃었습니다.

"베게너는 멋대로 지구를 가지고 놀고 있다!"

"그는 과학자가 아니라 위대한 몽상가 같은 시인이다."

이런 갖은 비난과 조롱, 그리고 비판은 베게너가 죽을 때까지 계속되었습니다. 그러나 베게너는 그린란드 탐사에서 매서운 바람과 추위에 쓰러지는 날까지 자신의 생각을 굽히지 않았습니다.

베게너가 죽은 지 수십 년 후, 잠들었던 베게너의 이론은 다시 고개를 내밀기 시작했습니다. 베게너가 주장했던 이론의 증거물들이 세계 곳곳에서 속속 나타났기 때문입니다.

"대륙이 움직인다!"

이것이 대륙 이동설입니다. 베게너의 주장에 의하면 지금의 세계 지도와 약 2억 년 전의 세계 지도는 완전히 달랐습니다. 그럼 대륙 이동설의 근거는 무엇일까요?

"까마득히 먼 옛날에는 대륙이 한 덩어리였습니다. 남극 빼고 말이죠. 그리고 엄청난 시간이 흐르는 동안 대륙은 서서히 움직이면서 떨어져 나가 지금과 같이 되었습니다."

베게너의 이론은 단순했습니다. 하지만 그 증거를 찾는 것은 지독히도 어렵고 힘든 일이었습니다. 베게너는 평생에 걸쳐 그 증거 자료를 모았습니다. 그럼 베게너가 주장한 '대륙 이동설'의 근거는 무엇이었을까요?

그 근거를 알려면 씩씩함과 대범함이 필요합니다. 가위로 세계 지도를 싹둑싹둑 잘라야 하니까요. 가위를 드셨나요? 한번 아프리카 서쪽 해안을 잘라 내 보세요. 그런 다음 브라질이 있는 남미 대륙의 동해안을 잘라 내 보세요. 그리고 이 두 조각을 맞춰 보세요. 딱 일치하지요? 정말 신기하지 않나요?

"우와! 혹시 옛날에는 두 대륙이 하나였던 게 아닐까?"

베게너는 호기심을 감추지 못했습니다. 그러던 어느 날, 그는 굉장한 증거를 발견했습니다.

"여러분! 약 300만 년 전 물 속에서 수영하며 살았던 메소사우르스라는

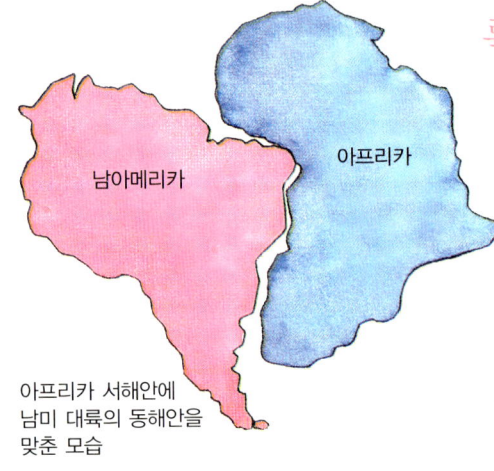

아프리카 서해안에 남미 대륙의 동해안을 맞춘 모습

파충류 화석이 발견되었는데, 그 화석은 아프리카와 남아메리카에서 모두 발견되었습니다."

"베게너! 왜 갑자기 파충류 얘기를 하는 것이오?"

"여러분, 한번 생각해 보세요. 메소사우르스는 아프리카와 남아메리카 사이의 바다를 오가기에는 너무 약한 동물이었습니다. 그 거리가 무려 수천 킬로미터나 되니까요. 그런데 어떻게 양 대륙에서 모두 화석이 발견될 수 있었을까요? 그것은 메소사우르스라는 작은 파충류가 바다를 건너 이동한 것이 아니라…… 사실은 대륙이 이동하였기 때문입니다!"

"뭐! 파충류가 이동한 것이 아니라 대륙이 이동했다고?"

이 이야기에 사람들은 깜짝 놀랐습니다. 많은 과학자들은 베게너가 허풍을 떤다고 비웃었습니다. 하지만 베게너의 말에 고개를 끄덕이는 과학자도 몇 있었습니다. 베게너는 다른 증거들을 제시했습니다. 그것은 여러 대륙의 토양이 서로 일치한다는 것이었습니다. 특히 해안선이 잘 일치하는 남아메리카와 아프리카의 해안 지역의 토양은 거의 비슷했습니다.

베게너는 이 밖에도 여러 가지 증거를 찾아냈습니다. 그러나 대부분의 사람들과 과학자들은 귀 기울이지 않았습니다.

하지만 베게너가 죽은 지 수십 년 후, 많은 과학자들은 베게너가

2억 년 전 지구에는 하나의 커다란 초대륙(판게아)만이 있었다.

1억 3500만 년 전 초대륙은 곤드와나 대륙과 로라시아 대륙으로 나누어졌다.

6500만 년 전 인도는 적도 근처까지 이동해 갔지만 오스트레일리아와 남극은 아직 붙어 있다.

현재 인도는 아시아·유럽 대륙에 붙고 오스트레일리아도 남극과 떨어져 있다.

대륙이동설

찾지 못했던 여러 가지 증거들을 찾아냈습니다.

"와, 베게너의 말이 맞았어!"

여러 지질학자들은 산과 바다, 그리고 바다속의 해저 산맥들을 조사한 결과, 베게너의 주장이 사실이라는 것을 밝혀냈습니다. 또한 이들은 대륙이 여전히 움직이고 있다며, 대륙이 움직이는 시간을 알아 냈습니다.

　아프리카와 남아메리카는 지금도 서서히 조금씩 멀어져 가고 있습니다. 대략 일 년에 5센티미터 정도로 말입니다. 일 년에 5센티미터라면? 하루에 0.0136986301센티미터 정도 움직인다는 것입니다. 정말 졸음이 쏟아질 정도로 느리게 움직이지요? 하지만 어쨌든 베게너의 '동화 같은 이야기'는 사실이었으며, 지구의 역사를 다시 쓰게 만든 커다란 발견이었습니다.

'세계는 하나였다'를 외친 알프레드 베게너

알프레드 로타 베게너 (Alfred Lothar Wegener, 1880~1930, 독일)

"베게너 형, 우리가 세계 기록을 깼어!"

"야! 우리가 드디어 52시간 동안 기구 비행을 한 거야!"

1906년, 독일인 형제가 모험심에 불타 기구 비행을 성공적으로 마친 사건이 있었습니다. 많은 사람들은 이 혈기왕성한 형제들을 축하해 주었습니다. 동생은 쿠르트였고, 형은 알프레드 베게너로 천문학에 관심이 많은 과학자였습니다. 베게너는 날씨를 연구하는 기상학자로도 유명했습니다. 이 해에 베게너는 북극의 그린란드 탐험에 나섰습니다.

'그래, 대륙은 움직인다. 분명해!'

베게너는 오래 전부터 이런 생각을 품고 있었습니다. 그래서 자료를 찾기 위해 그린란드로 떠난 것입니다. 몇 년 후 독일로 돌아온 베게너는 독일에서 천문학을 강의했습니다.

1912년 베게너는 한 강의에서 자신의 '대륙 이동설'을 발표했습니다. 그 후 1915년, 베게너는 〈대륙과 대양의 기원〉이라는 책을 출판했습니다. 베게너는 이 책에서 오래 전 대륙은 하나로 붙어 있었다고 주장했습니다. 그리고 그 거대한 대륙을 '판게아'라 불렀습니다. 판게아는 그리스어로 '지구 전체'라는 뜻입니다.

이 책이 출간된 후 베게너는 거의 모든 분야의 과학자들에게서 비난을 받았습니다. 하지만 베게너는 자신의 이론을 굽히지 않고 좀 더 많은 자료를 준비하기 위해 끊임없이 연구했습니다.

1930년, 베게너는 자신이 주장한 대륙 이동설을 검증하기 위해 또다시 그린란드 탐험을 떠났습니다. 하지만 이 탐험은 베게너의 마지막 탐험이 되고 말았습니다. 그는 자신의 생일인 11월 1일, 썰매를 타고 눈 속을 헤매다 그만 죽고 만 것입니다. 그의 시신은 눈 속에 파묻힌 침낭 안에서 발견되었습니다. 혈기왕성하고 꿈 많았던 이 과학자는 이렇게 비극적인 최후를 마쳤던 것입니다.

자식은 부모로부터 유전적 영향을 받는다!
토마스 헌트 모건

　20세기 초, 뉴욕에서 있었던 일입니다. 한 젊은 학생이 모건 교수의 방문을 두드렸습니다. 방 안에서 아무런 인기척이 없자, 학생은 천천히 방문을 열고 안으로 들어갔습니다.
　"저, 모건 교수님 계십니까?"
　학생은 두근거리는 마음을 진정시키며 방 안으로 들어갔습니다.
　"윽!"
　방 안에 들어선 젊은이는 진동하는 악취와 더러운 파리 떼 때문에 다리가 후들거렸습니다. 젊은이는 서둘러 손수건을 꺼내 코를 틀어막았습니다.
　"오, 어서 오게나! 지금 자네는 그 유명한 파리 방에 첫발을 디딘 거야!"

연구실 구석에 앉아 있던 모건 교수가 의자에서 일어서며 말했습니다. 모건 교수는 파리똥으로 더러워진 후줄근한 옷을 입고 있었습니다.

책상 위에는 수백 개의 우유병이 놓여 있었습니다. 병 속에는 꼬물거리는 흰 구더기들이 들끓고 있었으며, 그 밑에서는 구더기와 파리의 먹이가 되는 으깬 바나나가 부패해 가고 있었습니다. 연구실 안은 병 안에서 나온 파리들로 가득 차 있었습니다. 천장에는 더러운 파리들이 온통 시커멓게 뒤덮고 꿈틀거리고 있었습니다.

"자, 이제는 나와 함께 파리를 사육하고 길들이면서 유전학을 밝혀 보세!"

"아, 네…… 알겠습니다."

젊은이는 당혹스러워 고개를 숙였습니다. 모건 교수 연구실을 처음 방문한 사람들은 그 연구실의 더러움에 고개를 절레절레 흔들었습니다. 하지만 모건 교수와 함께 유전에 관한 연구를 한 젊은이들은 얼마 안 가 즐거움에 사로잡혔습니다. 그들은 모건 교수와 함께 유전의 비밀을 밝혀 가고 있었던 것입니다. 모두들 개방적이고 열정적으

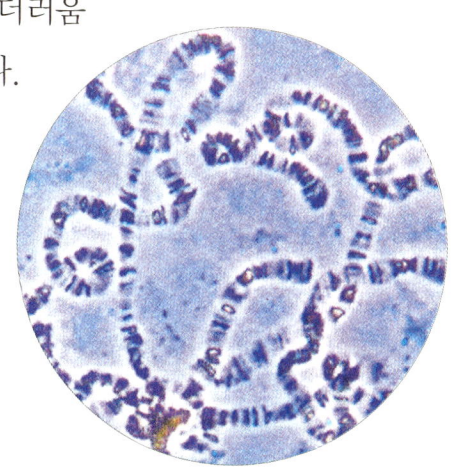

전자 현미경으로 확대하여 본
노란 초파리의 타액선의 염색체

로 연구를 했습니다.

그들은 "자식은 부모로부터 유전적 영향을 받는다."는 이론을 실제로 증명하였습니다. 뿐만 아니라 유전자는 염색체 상에 있음을 밝혔습니다.

요즘 과학계에서 활발하게 진행되고 토론이 되는 복제와 유전자 연구의 기초는 바로 토마스 헌트 모건이 다져 놓은 것입니다. 역겨운 냄새가 끊이지 않는 더럽고 불쾌한 방, 뉴욕 구석에 있는 파리 방에서 말입니다.

유전자 연구의 기초를 닦은 토마스 헌트 모건

토마스 헌트 모건 (Thomas Hunt Morgan, 1866~1945, 미국)

"어휴, 냄새! 토마스, 당장 갖다 버려라! 너무 더러워."
"저…… 이건 똥이 묻은 새알이지만, 아주 희귀한 거예요."
"어머, 얘 좀 봐! 새알이 귀해 봤자지!"

동네 사람들은 토마스 모건을 이상하게 생각했습니다. 모건은 켄터키 주의 명문가 아들이었지만, 언제나 지저분한 옷차림으로 들판을 돌아다니며 이상한 것들을 모았기 때문입니다.

"어유, 이 철딱서니 없는 녀석아! 언제까지 새알이나 화석 따위에 정신을 팔 거니? 정말 커서 뭐가 되려는지 걱정이다, 걱정이야!"

하지만 부모님의 걱정은 오래 가지 않았습니다. 토마스가 겨우 열여섯 살의 나이에 동물학을 공부하려고 대학에 입학했기 때문입니다. 토마스는 대학에서 개구리, 지렁이, 바다거미 등 여러 생물을 연구했습니다. 생물학 교수가 되어서도 그의 호기심은 부풀어만 갔습니다.

"다윈의 말이 진짜일까? 생물은 정말 진화할까?"

모건은 마침내 그 진실을 찾겠다고 결심했습니다. 자손들이 부모님을 닮는 데에는 어떤 독특한 자연 법칙이 있다고 믿었기 때문입니다. 모건은 그것을 실제로 증명하고 싶었습니다.

"그래, 초파리를 한번 연구해 보자. 인간이 200만 년에 걸쳐 이룬 후손들을 초파리는 겨우 2년 만에 만드니까. 정말 왕성한 번식력이야!"

마침내 모건은 수백만 마리의 파리들이 득실거리는 연구실을 차리고 파리를 관찰했습니다. 그는 언제나 파리와 함께 먹고, 자고 생각하며 파리만 연구했습니다. 그는 수년 간 파리의 똥 색깔, 파리의 습성, 파리의 모양, 파리의 식성 등을 관찰했습니다. 심지어는 파리의 눈 색깔조차도 말입니다.

그러던 어느 날, 모건은 드디어 궁금증을 풀 수 있게 되었습니다.

"알아냈어! 생물 유전에도 법칙이 있는 거야! 생물의 후손들 중에는 돌연변이가 있어. 하지만 그것은 특수한 동물의 출현이 아냐. 바로 유전의 법칙이지!"

그는 마침내 유전학에 새로운 개척지를 발견한 것이었습니다. 모건은 이 연구로 1933년 노벨 생리의학상을 수상했습니다. 역겨운 냄새가 진동하는 초파리 방에서 한 모건의 연구를 두고 많은 과학자들이 이렇게 말했습니다.

"초파리 방에서의 연구는…… 과학사에서 가장 아름다운 실험들 중 하나다!"

유전자 연구는 어디까지 왔을까?

"아빠, 난 왜 아빠를 닮았어?"

오랜 세월 동안 사람들은 이런 질문을 했습니다. 하지만 누구도 그 정답을 속 시원히 말해 준 사람은 없었습니다. 하지만 그 해답의 실마리를 던져 준 과학자가 있었으니 그가 바로 토마스 모건입니다.

"여러분, 모든 생물은 진화합니다. 인간도 예외는 아니지요."

지금으로부터 백여 년 전, 다윈의 주장은 세상을 발칵 뒤집어 놓았습니다. 그러자 다윈의 의견에 반대하는 과학자들은 이렇게 다윈을 공격했습니다.

"쳇! 그렇다면 후손들은 부모를 닮는다는 말인데, 그 근거가 뭐요?"

이 질문에 다윈은 명쾌히 대답할 수 없었습니다. 왜냐하면 그도 몰랐기 때문입니다. 다윈이 유전에 관해 끊임없이 고민할 당시, 한 수도사는 이를 실험하고 있었습니다. 누군지 아시겠죠? 바로 멘델입니다.

"음, 후손들이 부모 세대를 닮는 데도 법칙이 있답니다. 이것은 자연 법칙인데, 콩도 예외는 아니지요."

멘델의 이런 주장은 후대 과학자들에게 많은 영향을 주었습니다. 하지만 멘델의 주장을 토마스 모건은 의심했습니다.

토마스 모건은 자신이 직접 나서야겠다고 결심했습니다.

"그래, 내가 직접 생물을 통해서 확인해야겠어. 유전의 법칙을 말이야!"

그렇게 해서 모건은 초파리 연구를 하기 시작한 것입니다. 그런데 왜 하필 지저분한 파리냐고요? 어디 한번 모건 씨의 의견을 들어 보겠습니다.

"파리만큼 이 연구에 적당한 생물은 없답니다. 유전을 연구하는 것은 자손의 자손의 자손들을 연구하는 일입니다. 토끼는 한 해에 50마리의 새끼를 낳지요. 하지만 파리는 토끼보다 훨씬 빠릅니다. 한 쌍의 초파리 부부는 200마리의 자식을 얻을 수 있습니다. 또 이 자식들은 8일 정도면 또 자식을 낳을 수 있습니다. 한 달만 지나도, 우리는 한 쌍의 초파리 부부의 손자의 손자의 손자까지 볼 수 있습니다. 이렇게 왕성한 번식력을 가진 파리를 연구하는 것은 정말 유용한 일이죠. 뿐만 아니라 파리는 염색체가 별로 많지 않고 크기 때문에 현미경으로도 쉽게 관찰할 수 있습니다."

모건의 유전자 연구는 20세기 염색체 유전학에 큰 공헌을 하였습니다.

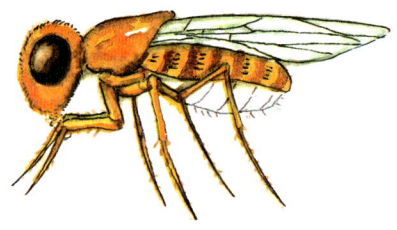

초파리 모건은 염색체에 있는 유전자의 위치를 나타낸 유전자 지도를 초파리의 실험으로 입증하였다.

블랙홀은 검지 않다
스티븐 호킹

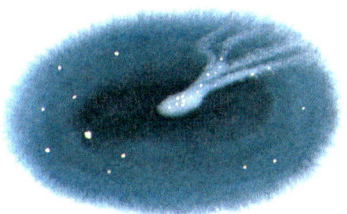

　블랙홀은 아인슈타인의 상대성 이론에서 처음 예견된 후 그 존재 가능성을 둘러싸고 무수한 논쟁이 벌어졌습니다. 요즘에는 블랙홀의 존재가 거의 사실로 믿어지고 있지만, 1960년대만 해도 믿지 않고 의심하는 사람들이 많았습니다. 상대성 이론의 방정식으로는 중성자별과 블랙홀이 분명히 가능했는데도 말입니다.

　블랙홀을 찾으려는 노력이 본격적으로 시작되었지만, 블랙홀은 광학 망원경으로도 무엇으로도 관측이 불가능했습니다. 그 이유는 빛조차 빠져나오지 못하기 때문입니다.

　블랙홀을 찾는 유일한 방법은, 블랙홀의 강한 중력이 주위의 별에 미치는 영향을 통해서였습니다. 블랙홀은 주위의 시간과 공간을 아주 심하게 일그러뜨리고 가까이 있는 가스나 천체를 빨아들일 것이라고 예측하고 이런 변화를 보이는 별을 찾아보기로 했습니다.

그러던 중 1971년에 약 8000광년 떨어진 백조자리에서 X-1이라는 별을 발견하게 되었습니다. 이 별은 빛의 1000배나 되는 X선이 방출된다는 사실이 밝혀졌습니다. 그래서 이 X-1을 최초로 발견된 블랙홀이라 생각하게 되었습니다.

블랙홀이란 이런 것입니다.

모든 물질과 물질 사이에는 중력이 작용하고 있습니다. 만약 어떤 물체가 구멍에서 빠져나오려고 한다면 어느 정도의 속도가 필요합니다. 그 속도를 내지 못한다면 구멍을 빠져나오지 못하고 다시 떨어지게 됩니다. 그렇지만 어떤 물체도 빛보다 빠른 속도를 낼 수는 없기 때문에 빠져나올 수 없는 구멍이 우주에 존재하는데 이것을 '블랙홀'이라고 합니다.

예를 들어, 태양보다 세 배의 질량을 가진 어떤 별이 그 일생을 마치면 무너져서 별의 입자가 빽빽해집니다. 이와 같이 별이 계속 무너지면 밀도도 커집니다. 밀도가 아주 커지면 어떤 물질도 심지어는 빛조차도 그 중력으로부터 빠져나갈 수 없게 됩니다. 이렇게 하여 결국 별은 그 중심부에 임계점(무한대 밀도의 점)을 가지는 블랙홀로 변하는 것입니다.

'빛의 감옥'이라고 불리는 블랙홀은 18세기 후반 '빛이 탈출할 수 없는 천체'의 뜻으로 먼저 알려졌습니다. 어떤 커다란 천체를 탈출 속도가 빛의 속도인 초속 30만킬로미터를 넘을 때까지 압축하면 빛은 자신의 속도로는 도저히 이 천체 밖으로 뛰쳐나올 수 없습니다. 이렇게 빛도 빠져나올 수 없을 만큼 물질이 엄청나게 압축된 천체를 가리켜 '블랙홀'이라고 부릅니다.

블랙홀의 엄청난 중력은 근처에 있는 별의 물질도 끌어당깁니다. 이러한 현상을 이용해서 블랙홀을 찾는 것입니다. 물질은 블랙홀로 소용돌이치며 빨려들어갈 때 매우 뜨거워지면서 X선을 내보냅니다. 이 X선은 우주 공간에서 발견할 수 있습니다.

몇 년 전만 해도 블랙홀은 그 무엇도 내보내지 않는다고 사람들은 믿고 있었습니다. 블랙홀로 빨려들어간 모든 것은 그대로 흡수되기 때문에 그야말로 블랙홀은 아주 깜깜하다는 것입니다.

그런데 호킹은 복잡한 계산 끝에 블랙홀에서 빛 알갱이들이 방출된다는 사실을 발견했습니다.

1974년 호킹은 블랙홀이 '복사'를 낼 수 있다는 주장을 했습니다. 복사란 태양이 지구를 향해 빛을 쪼여 빛과 열을 주고받는 것과 같은 현상입니다. 즉 블랙홀도 입자를 방출할 수 있다는 것입니다. 양자 역학에 따르면 이 진공 속에서도 입자의 쌍이 만들어집니다. 호킹은 이 입자와 반입자의 쌍 중에 하나는 블랙홀로 가지만 다른 하나는 우주 공간으로 나온다는 사실을 알게 되었습니다. 입자와 반입자를 만드는 에너지는 엄청난 중력을 가지고 회전하는 블랙홀에서 나온

블랙홀 우주 공간에서 엄청난 중력으로 주위의 모든 물체와 심지어 빛조차도 끌어들이는 밀도가 대단히 높은 천체. 거대한 별이 일생을 마치면서 중력이 붕괴돼 생겨난다.

것입니다. 따라서 블랙홀은 자신의 에너지를 밖으로 내보내는 것입니다. 이 입자와 에너지를 '호킹 복사'라고 부른답니다.

그 전까지 블랙홀은 캄캄하다고 생각해 오던 사람들은 호킹 덕분에 블랙홀에서 빛이 나온다는 사실을 알게 된 것입니다. 호킹의 이 발견은 열역학과 상대성 이론, 양자 역학의 통일 가능성을 열어 주는 놀라운 업적이 되었습니다.

'작은 블랙홀 이론'에서 호킹은, 초신성 폭발로 만들어지는 일반

은하계 태양계가 속해 있는 수천억 개의 별로 이루어진 거대한 천체의 덩어리. 우주 속에는 1000억 개 이상의 은하가 있는 것으로 알려져 있다.

적인 블랙홀과 달리, 빅뱅 직후 약 10억 톤의 질량을 지닌 양성자 크기의 소형 블랙홀이 만들어져 우주에 존재한다고 주장했습니다. 현대 우주론에 의하면 태초에는 아무것도 없었습니다. 시간과 공간의 개념도 없는 태초의 우주에 시공간이 처음 시작되는 시점을 빅뱅, 대폭발이라고 부릅니다.

또 '블랙홀 증발 이론'에서 호킹은 양자 역학을 도입하여 블랙홀의 정체를 밝혀 학계를 놀라게 했습니다. 블랙홀은 다른 물체들처럼 일정한 온도를 띠고 있으며 에너지를 가지고 있다는 것입니다. 따라서 블랙홀도 에너지를 잃게 되면 자연히 질량이 줄어들게 되고 우주에서 사라지게 됩니다. 블랙홀은 주위 모든 물체를 빨아들이기만 하는 것이 아니라 입자를 방출한 뒤 사라질 수 있다는 사실을 수학적으로 증명하였습니다.

우주에 블랙홀이 존재한다는 것만으로도 놀라운데 블랙홀이 사라질 수 있다는 호킹의 주장에 많은 과학자들은 놀랐습니다.

게다가 호킹 박사는 '우주가 팽창하고 있다'고 가정하면서, 우주 안에 존재하는 에너지가 충분치 않기 때문에, 팽창하다 말고 멈춰 150억 년 전 빅뱅의 원점으로 돌아가는 일은 없을 것이라고 예견했습니다.

그것은 우주는 진공 에너지로 차 있으나 이것마저 충분치 않기 때문에 우주는 영원히 계속해서 팽창할 것이라는 이론입니다.

"물질의 양이 최소의 질량보다 많다면 은하들이 서로 잡아당겨 가까워지고, 우주 종말이 되는 빅크런치(대붕괴) 현상은 앞으로 200억 년 이후에나 일어나게 될 것입니다."

20세기 말에 지구가 멸망할 것이라고 떠드는 사람들에게 호킹은 이렇게 말했습니다.

"200억 년 후 미래에 있을지도 모를 지구의 종말을 두고 지금부터 걱정을 하는 것은 이치에 맞지 않습니다."

200억 년이라는 시간을 상상해 보세요. 얼마나 오랜 시간일까요? 호킹의 말대로 우주의 종말인 빅크런치가 일어나게 될까요? 이런 사실들을 논리적으로 생각해 내고 또 근거를 들어 주장하기까지 호킹 박사는 엄청난 노력으로 연구를 했답니다.

역경에 굴하지 않는 스티븐 호킹

스티븐 윌리엄 호킹 (Stephen William Hawking, 1942~, 영국)

  스티븐 호킹은 영국 옥스퍼드에서 1942년 1월 8일에 태어났습니다. 우연히도 이 날은 갈릴레이가 세상을 떠난 지 꼭 300년이 되는 날입니다.

  어린 시절 호킹은 별로 눈에 띄지 않는 보통 소년이었습니다. 친구들 중에는 호킹이 훌륭한 인물이 되지 못할 것이라며 과자 한 봉지로 내기를 건 아이도 있었다고 합니다. 호킹은 글읽기가 서툴렀고 성적은 중간을 넘어 본 적이 없었습니다. 또 글씨가 어찌나 형편 없었던지 글씨 연습을 하라는 숙제를 받은 학생은 호킹 혼자였다고 합니다.

  호킹에게 행운이 있었다면 그것은 좋은 어머니와 아버지를 만난 것입니다. 철학, 정치학, 경제학을 전공한 어머니는 이해심이 깊은 분이었습니다. 호킹이 우주가 어떻게 존재하게 되었는지 너무나 알고 싶어하는 데는 어머니의 영향이 컸습니다. 호킹의 아버지는 과학적 기질을 많이 발굴해 주었습니다. 호킹은 아버지와 함께 풀밭에

누워 망원경으로 별들의 신비로움을 감상하곤 했습니다.

호킹은 자라면서 사물에 대한 관심이 점점 깊어졌습니다. 초등학교 5학년 때 호킹은 시계와 여러 가지 기계의 부품을 뜯어 자신의 컴퓨터를 만들었습니다. 친구들이 몰려와 구경을 하느라 야단법석을 떨 만큼 훌륭한 컴퓨터였습니다.

어느 날 한 친구가 호킹에게 물었습니다.

"마시기 어려울 정도로 뜨거운 홍차에 우유를 먼저 넣는 것하고 나중에 넣는 것하고 어느 쪽이 더 빨리 식을까?"

다른 친구들은 답을 몰라 쩔쩔매며 호킹을 바라보았습니다.

"뜨거운 물체는 그 절대 온도의 4제곱에 비례하는 비율로 열을 잃어. 따라서 홍차를 오래 놓아 두면 놓아 둘수록 더 빨리 식게 되니까 우유를 나중에 넣어야 해."

호킹의 대답에 친구들은 입을 다물지 못했습니다. 무엇이든 물어보기만 하면 과학적인 대답이 술술 나오는 호킹이 무척이나 신기했던 것입니다.

스물한 살 때, 호킹은 전신이 서서히 마비되어 가는 루게릭 병을 앓기 시작해 앞으로 2~3년밖에 살지 못할 것이라는 의사의 진단을 받았습니다.

"의사에게 시한부 선고를 받자 갑자기 지루했던 삶이 좋아지기 시작했어요. 물리학에도 더욱 몰두하여 연구하게 되었지요."

그의 말대로 호킹의 학문은 발병 이후 더욱 꽃을 피웠습니다. 블랙홀의 증발, 작은 블랙홀 이론, 허수의 시간, 양자 우주론, 특이점 정리 등 혁명적인 이론을 현대 물리학에 제시하였습니다.

현재 호킹은 양자 역학과 일반 상대성 이론을 하나로 통일하는 통합 이론인 '양자 중력 이론' 연구에 몰두하고 있습니다. 만약 이 연구가 성공한다면 상대성 이론의 창시자인 아인슈타인이 가장 기뻐할 것입니다.

이제, 과학 여행이

끝났습니다

이제부터 여기 나왔던 과학자들처럼
생활 속에서 생기는 작은 호기심도 놓치지 마세요.
세상을 깜짝 놀라게 할 위대한 발견은
호기심이라는 작은 씨앗에서 자란답니다.